KB252459

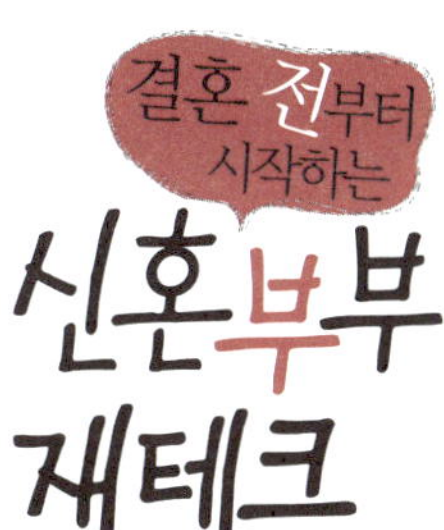

결혼 전부터
시작하는
신혼부부
재테크

결혼 전부터 시작하는
신혼부부 재테크

초판 1쇄 발행 2007년 2월 15일

지은이 김한수
펴낸이 이지은
펴낸곳 팜파스

기   획 한성출판기획(www.ibook4u.co.kr)
편   집 방재경
디 자 인 최설란
마 케 팅 정재훈
출   력 다음 프로세스
인   쇄 (주)미광원색사

등록 2002년 12월 30일 제10-2536호
주소 서울시 마포구 서교동 404-26 팜파스빌딩 3·4층
전화 (02) 335-3681   팩스 (02) 335-3743
홈페이지 www.pampasbook.com
이메일 pampas@pampasbook.com

값 11,000원
ISBN 978-89-90607-62-1 03320

신혼부부 재테크

김한수 지음

팜파스

이 책을 집필하면서 머릿속에 떠오른 무수한 생각들을 정리해 보았다. 그중 몇 가지를 여러분에게 꼭 말해 주고 싶다. 우선 풍족한 미래를 위해서는 여러분의 생각을 바꿔야 한다. 재테크의 기본은 현재의 마인드를 바꾸고 이를 실천하여 미래의 풍요와 행복을 준비하는 것이다. 재테크란 돈을 불리는 단순한 작업이 아니라는 것을 꼭 기억하기 바란다.

마인드의 변화란 현재의 생활에 안주하지 말고 안정된 노후를 준비하는 데 더 큰 비중을 두는 쪽으로 생각을 바꾸자는 것이다. 많은 사회 초년생들이 현재의 급여가 지속적으로 올라갈 거라는 착각 속에 빠져 있다. 또 생을 마감하는 순간까지 본인들이 소득을 만들어 낼 수 있을 거라고 생각한다. 이러한 착각 때문에 많은 젊은이들이 저축이나 투자보다는 소비에 열중하고 있다. 물론 예쁜 옷을 입고 좋은 차를 타는 것이 인생의 목표일 수도 있다. 그러나 그보다 더 중요한 많은 일들이 당신을 기다리고 있다는 것을 기억하라. 인간의 수명은 날로 길어지고 있

다. 이제는 기나긴 노후를 준비하지 않으면 안 되는 시기가 온 것이다.

내가 말해 주고 싶은 또 하나는 지출을 통제하여 소비를 줄이는 작업이 결코 쉽지 않을 거라는 점이다. 그러나 난관을 극복한 사람만이 진정한 행복의 단맛을 경험하는 것처럼 당신이 경험하게 될 지출 통제의 난제를 잘 극복하여 풍요로운 미래를 준비해 나가기 바란다.

지출을 최소화하거나 통제하기에 가장 좋은 방법은 연인 또는 부부가 함께 즐기는 것이다. 즉, 함께 목표를 정하고 이보다 적은 금액을 지출했을 경우 서로에게 상을 수여하는 등의 방식으로 재미있게 소비를 줄여나가는 것이다. 그리고 여기서 발생한 것으로 새로운 투자 가능 자산을 조금씩 불려나가는 것이 젊은 사람들에게 가장 적합한 재테크 방식이라는 것을 강조하고 싶다. 그러나 재테크는 책을 읽어서 이해하거나 알고 있다고 해서 저절로 되는 것이 아니다. 실천으로 옮기는 것은 그만큼 어렵고 힘들다.

분명한 것은 돈이란 저축과 투자를 통해서만 불어난다는 점이고, 또 젊은 시절에 저축과 투자할 자금을 모으지 못하면 나이가 들수록 자산을 키우는 것이 점점 더 어려워진다는 사실이다.

그동안 내가 상담한 사람들은 크게 두 부류로 나눌 수 있다. 젊은 시절에 저축하고 투자하여 안정된 삶을 사는 사람과, 방만한 지출 습관으로 불안정한 삶을 사는 사람이다. 당신은 어느 부류에 속하고 싶은가?

당신은 지금까지와는 다른 새 삶을 시작하려는 사람이라는 점을 잊지 말고 지금부터라도 꾸준히 미래를 준비해 나가기 바란다. 비록 급여가 적다고 해도 용돈으로 생활하던 때가 있었다는 사실을 기억하고 차곡차곡 모아가는 습관을 들여라.

마지막으로 하고 싶은 말은 반드시 포트폴리오를 구성하여 자산의 증가를 도모하라는 것이다. 포트폴리오를 구성하는 것은 자산이 많은 사람들만 하는 것이 아니다.

돈을 모으는 데는 여러 가지 목표가 있을 것이다. 이러한 각각의 목표를 분명히 하고 기간에 따라 자산을 분배하여 관리할 필요가 있음을 인지하라. 책의 후미에서 다루겠지만 포트폴리오는 현재의 연령과 보유한 자산의 정도 그리고 목적 자금의 필요 시기와 투자 성향에 따라 다르게 구성할 수 있다. 이는 각 가정과 개인의 상황에 따라 전혀 다른 포트폴리오가 구성될 수도 있다는 뜻이다. 다만 이 책의 독자층이 대부분 젊은 사회 초년생과 신혼부부라는 점을 감안한다면, 우선 최대한 지출을 줄여 투자 가능 금액을 모으고 좀더 공격적으로 투자해야 한다. 그리고 장기적인 관점의 투자나 저축을 동반해 포트폴리오를 구성해야 한다는 점을 이해하고 실천해야 한다.

가끔 투자자 교육 차원에서 강의할 때가 있는데, 그때마다 느끼는 게 있다. 강의 시간 동안에는 본인의 잘못된 저축 습관이나 투자 습관, 마

인드에 관해 많이 생각하고 반성하지만, 강의가 끝나고 난 후에는 그것을 실천에 옮기는 사람이 많지 않다는 것이다.

이 책을 읽고 난 후 당신의 마인드가 변했다면 참 다행스러운 일이다. 그러나 나는 당신이 마인드의 변화에 그치지 않고 행동에 옮겨 반드시 실천하기를 바란다.

더 많이 공부하고 노력하여 당신에게 현실적으로 도움이 되는 사람으로 다음 번 외부 강의에서 직접 만나기를 고대하며 줄이는 바이다.

contents

하나된 두 사람,
재테크의 첫 단추를 끼워라

1. 재테크,
기본부터 시작하라

이제 막 새로운 인생을 시작하는 신혼부부들이 앞으로의 삶을 준비하고 계획하는 데 도움이 되었으면 하는 마음으로 내가 경험하고 기억하는 몇 가지 이야기를 하고자 한다. 모쪼록 많은 신혼부부들이 재테크 영감을 얻는 데 도움이 되기를 바란다.

돈 쓰는 데는 끝이 없다

내가 대학을 졸업하고 사회에 첫발을 내디뎠을 때 대기업 초봉이 65만 원 정도였다. 대학을 졸업할 무렵 내가 부모님께 받았던 용돈이 한 달에 10~12만 원 정도였으므로, 처음에는 65만 원이라는 큰 돈을 어떻게 써야 할지 고민이 되었다.

그러나 회사생활을 시작한 지 1년도 채 지나지 않아 괜한 고민을 했다는 것을 알게 되었다. 나는 월급을 한 달 안에 사용할 수 있는 능력을 곧 터득했고, 그 돈이 그렇게 많지 않다는 것도 알게 되었다. 오히려 나중에는 월급이 부족한 달도 있었다. 그 후로 대학원 진학을 위해 미국에 가기 전까지 나는 입사 초기와 거의 비슷한 재정 상태를 유지했다. 첫 직장생활을 한 5년 6개월 동안 월급이 충분하다고 생각한 적은 없었다.

처음에는 많아 보이던 월급이 어떻게 1년도 채 지나지 않아 '항상 부족한 월급'이 되었을까? 월급이라는 것이 항상 그렇듯 65만 원이라는 내 월급은 그 당시 물가 기준을 적용하면 아주 많지도 적지도 않은 수준이었다.

나와 같이 입사한 동료는 첫 월급을 받자마자 은행부터 찾았다. 나도 은행에는 갔다. 그러나 나는 은행에 갈 때마다 돈을 조금씩 찾아 주머니에 넣고 다니며 밥 먹고 술 먹고 영화 보는 데 쓰기에 바빴다. 나중에 깨달았지만 처음에 많다고 생각되던 월급이 시간이 지날수록 많지 않게 느껴진 것은 내가 계획 없이 돈을 썼기 때문이었다.

월급을 아무 생각 없이 무계획적으로 쓰다 보니 돈 쓰는 규모는 점점 커지는데 월급은 늘지 않아 부족함을 느끼게 된 것이다. 만약 그때부터 조금씩이라도 돈을 모았다면, 그 돈은 나도 모르는 사이 스스로 눈덩이처럼 불어났을지도 모른다.

월급을 받자마자 은행을 찾았던 내 동료는, 내가 유학 가기 위해 직장을 정리할 즈음 책상 서랍에서 통장 세 개를 꺼내며 집 장만 꿈에 부풀어 있었다. 그때의 내 재정 상태는 상상에 맡기겠다.

재테크에 관심을 갖는 순간 절반은 성공한 것이다

첫 회사 건물은 서울시청 근처였다. 당시 일주일에 두세 번 정도는 반드시 만나게 되는 사람이 있었는데, 그분은 만날 때마다 어김없이 사탕이나 껌을 주었다. 언제나 웃으며 인사하는 인상 좋은 30대 후반 정도의 그 아주머니는 ○○생명 보험설계사였다. 2~3일에 한 번씩은 스치는 사이라 나중에는 서로 안부를 물을 정도로 안면을 익히게 되었다.

직업이 직업인지라 보험설계사 아주머니는 대화 중간에 간혹 보험 얘기도 했는데, 항상 강조하는 것은 젊을 때 미리 미리 준비해 놓아야 한다는 것이었다. 그때마다 내 대답은 한결같이 '지금은 급여가 충분치 못하다'는 것이었다. 당시 나는 보험에 가입하거나 돈을 모으는 것은 나중에 승진해서 급여가 오르고 난 후 해야 한다고 생각했다. 더욱이 보험에 가입하기에는 아직 너무 젊다고 생각했다. 돈을 모으는 것이나 보험에 드는 것은 좀더 나이가 들고 소득이 증가한 후에 해도 된다고 자만했다.

유학을 가기 위해 회사에 사표를 낸 시점까지 내가 가입한 금융 상품이라고는 친한 친구가 근무하던 생명보험사의 상품 두어 가지가 전부였다. 그 상품 역시 친구가 보험회사에 다니기 때문에 가입한 것이지 나를 위해 가입한 것은 아니었다. 그래서 권하는 상품을 비교해 보지도 않고 그냥 가입해 버렸다. 만약 당시에 그 보험설계사 아주머니의 말을 듣고 보험에 더 가입했거나 친구가 설명해 주는 보험 상품에 관심을 기울이고 조언을 귀담아 들으면서 다른 금융 상품과 비교해 보는 과정을 거쳤더라면, 나는 훨씬 빨리 재테크의 감을 익힐 수 있었을 것이다.

현재 내가 다니는 회사의 동료 컨설턴트도 이런 내 말에 적극 동의했다. 그때는 재정 문제에 관심이 없었기 때문에 인생에서 중요한 두 번의 기회를 상실했다. 첫째는 한 달 동안 고생해서 받은 급여를 아무런 계획 없이 사용함으로써 종자돈을 모을 수 있는 기회를 상실했고, 둘째는 종자돈을 이용하여 자산을 더 많이 불릴 수 있는 기회를 상실한 것이다.

사회 초년생 시절부터 재테크에 관심을 가졌더라면, 현재 자신이 노력하여 모은 종자돈과 종자돈이 불려 준 금융 소득으로 좀더 안정적인 삶을 영위할 수 있었을 거라는 데 우리는 의견 일치를 보았다. 재정 컨설팅을 해주는 사람을 만나거나 그런 사람들의 이야기에 귀 기울일 줄 아는 사람은 일단 절반은 성공한 것이다. 그러니 지금 이 책을 읽고 있는 당신도 이미 절반은 성공한 것이다.

월급이 적을수록 쓰임새 있게 활용하라

어느덧 세월이 흘러 나는 대리라는 직급을 달게 되었다. 월급 역시 많이 올랐다. 그 즈음 나와 친구들의 급여는 종사하는 일에 따라 차이는 있었지만 연봉 1,800~3,000만 원 정도는 되었다. 누가 얼마를 버느냐에 상관없이 자신이 받는 급여가 충분하다고 생각하는 사람은 아무도 없었다. 당시 나와 친구들이 꿈꾸던 연봉은 6,000만 원 정도였다. 연봉 6,000만 원 정도면 저축하고 투자하며 안락한 생활을 하는 데 충분할 거라고 생각했다. 현재는 그 친구들 중 여러 명이 연봉 1억 원에 가깝거나 그 이상을 받고 있다.

그렇다면 그 친구들은 예전에 이야기한 것처럼 충분히 저축하고 투자하며 안락한 생활을 하고 있을까? 친구들은 예전에 비해 훨씬 좋은 집에서 안락한 생활을 하고 있지만, 충분히 투자하고 저축하지는 못한다고 했다. 교육비·외식비·문화비 등 예전에는 미처 생각지 못한 항목에 지출이 늘어나 생각처럼 돈을 모으기가 쉽지 않다는 것이다.

월급 65만 원일 때도 돈 모으기가 쉽지 않았고, 연봉 1,800~3,000만 원일 때도 쉽지 않았다. 연봉이 1억 원에 가깝거나 그 이상 되는 친구들도 역시 돈 모으기는 어렵다고 말한다. 그러면 돈은 언제쯤이면 모을 수 있을까?

평생 동안 청소해서 모은 돈 8,000만 원을 장학금으로 내놓은 사람 이야기나, 학교 앞 코딱지만한 라면가게에서 2,000원짜리 라면을 팔아 모은 돈 1억 원을 다른 사람 돕는 일에 써달라며 내놓는 사람의 이야기를 신문이나 방송에서 가끔씩 본다. 그런 뉴스를 볼 때마다 돈은 얼마를 버느냐보다는 어떻게 쓰느냐가 훨씬 더 중요하다는 생각을 한다. 연봉 1억 원을 받는 친구도 씀씀이에 따라 재정 상태가 마이너스인 경우가 있다. 그러나 월급 150만 원을 받는 사람이 5,000만 원짜리 통장을 소유하기도 한다.

재정 컨설턴트 일을 하면서 돈은 얼마를 버느냐보다는 체계적이고 효율적으로 쓰는 것이 더 중요하다는 것을 새삼 깨닫게 된다. 월급이 오르고 돈을 조금 더 번다고 해서 저절로 부가 축적되는 것은 아니다. 부를 축적하느냐 못하느냐를 가름하는 중요한 변수는 월급이나 번 돈을 어떻게 계획적으로 사용하고 불려나가느냐에 달려 있다.

2. 결혼 생활은 현실이다

　　최근에 내가 재정설계를 해준 어떤 고객에 관한 이야기다. 이제 막 결혼생활을 시작하는 당신의 생활과 비교하여 앞으로 어떻게 생활해야 할지 생각해 보기 바란다.

　　의뢰인은 연애결혼을 한 결혼 3년차 부부로 30대 초반이었다. 연애 시절에는 두 사람이 각각 자동차를 소유하고 제법 여유로운 데이트를 했다고 한다. 두 사람이 각각 벌어 오직 두 사람만을 위해 소비했기에 가능했던 일이다.

　　현재 이 부부는 각각 200만 원 정도의 급여를 받고 있어 부부의 수입을 합하면 400만 원이 조금 넘는 정도라고 한다. 그런데도 부부의 재정 상태는 썩 좋은 편이 아니어서 재정설계를 받고 싶다는 것이었다. 부부의 현 지출은 소득의 78%정도이고, 나머지 22%를 저축하고 있는 상태다. 22%의 저축 중 대부분은 대출금을 상환하는 자금으로 사용하고 있었다. 부부는 10년 후에 조그마한 식당을 운영하고 싶어했으며, 집값이 계속 오르는 것을 걱정하여 가능한 한 빠른 시일 안에 집을 장만하기 원했다. 노후와 교육비에 대한 대비가 없어 이에 대한 계획도 수립하기 원했다. 이야기를 들으면서 이 부부가 원하는 것 이외에도 다른 계획이 필요한지를 생각했다.

결혼생활은 연애와 다르다

부부의 현재 수입과 지출을 기록한 현금흐름표를 검토한 나는, 부부가 원하는 답을 줄 수 없을 것 같았다. 어디서부터 어떻게 이야기해야 이들에게 자신감을 줄 수 있을지 무척이나 고민했다. 이 부부의 재정 컨설팅에 있어 가장 큰 문제는 '결혼생활이 여전히 연애 시절의 연장선상에 있다' 는 것이었다. 연애하는 기분으로 즐겁게 생활하고 있다는 뜻이 아니라, 경제생활 면에서 아직도 연애 시절과 다를 바가 없다는 것이다. 결혼 후의 생활은 결혼 전과는 많이 달라야 하는데도, 이 부부는 연애 시절의 생활 패턴을 지속적으로 반복하고 있었다. 그리고 현재 자신들의 생활 패턴이 연애 시절과 다를 바 없다는 것과 이러한 것이 바뀌어야 한다는 사실을 모르고 있었다.

이 부부와 이야기하다 보니, 부부가 원하는 것은 많은데 원하는 것을 위해 준비하고 있는 것은 아무것도 없다는 것을 알게 되었다. 하고 싶은 것이 많은데 그것을 위해 아무런 준비도 하고 있지 않다는 것은 그리 놀랄 일이 아니다. 왜냐하면 많은 신혼부부들이 이와 비슷한 생활을 하고 있기 때문이다. 이 부부와 똑같지는 않겠지만 대부분의 신혼부부들이 어떻게 미래를 준비하느냐보다는 자신들의 생활이 왜 결혼 전보다 더 윤택하지 못하느냐에 관심을 둔다. 두 사람의 급여로 생활하는데도 왜 혼자였을 때보다 더 쪼들린다고 느끼는 것일까?

함께할 미래의 목표를 세워라

일차적으로 이들은 결혼 전에는 한 번도 지출해 본 적이 없던 '대출금' 이라는 거금을 상환하고 있으며, 결혼 전에는 양가 부모님이 대신 지급해 주었던 많은 경제적 활동과 직면하고 있다. 결혼 전에는 경험하지 못했던 새로운 경제적 활동을 수행하면서 동시에 연애 시절에 누렸던 것을 똑같이 하려 했으니, 당연히 예전처럼 풍요로운 생활을 할 수 없었던 것이다.

연애할 때는 각자의 개인적인 생활만 책임지면 된다. 그러나 결혼한 후에는 두 사람 외에도 아이와 두 사람이 만들어낸 가정이라는 테두리를 지켜야 한다. 이 가정이라는 테두리는 새로운 지출을 창출하므로 이것을 지키려면 새로운 경제생활을 책임져야만 한다. 모든 사람이 알고 있는 것 같지만 이 간단한 사실을 깨닫지 못하는 부부가 의외로 많다. 결혼한 지 3년이 지났는데도 이 부부는 이런 점에 관해 아무런 준비가 되어 있지 않았다.

컨설팅을 의뢰한 이 부부는 결혼한 후 자신들이 원하는 것이 무엇인지, 그것을 준비하려면 어떻게 해야 하는지 전혀 고민하지 않았기 때문에, 결혼한 지 3년이 지났는데도 결혼 전보다 더 좋지 않은 상황에 놓이게 된 것이다. 그래서 준비되지 못한 미래가 두렵기만 한 것이었다.

재정설계를 하다 보면 이 부부의 경우와 비슷한 사례를 무수히 만난다. 많은 신혼부부들이 이들과 별반 다르지 않게 생활하고 있다. 어떻게 해야 앞에서 언급한 부부와 조금은 다른 삶을 살 수 있을지 생각해 보아야 한다. 단순한 진리를 생각해 보자. 당신은 더 이상 연애를 하는 커플이 아니다. 이제부터 당신은 '부부' 다. 이제까지의 생활과는 다르게 살아야 한다는 생각으로 미래를 준비해야 할 시기다. 미래를 위해 지금 무엇을 준비해야 하는지 생각하고 계획을 수립해야 한다. 그렇게 해서 조금이라도 일찍 생각을 전환해 실천한다면 더욱 만족스런 생활을 할 수 있을 것이다.

3. 연애 시절의 생각을 바꿔라

결혼 전과 결혼 후의 생활은 분명 다르다. 내 경우를 통해 결혼 전과 결혼 후의 생활을 비교해 보자.

마인드를 바꿔라

신혼여행을 다녀오고 여기저기 어른들에게 인사를 다니자 한 달이라는 시간이 순식간에 지나갔다. 결혼 후 한 달이 지나고 나서, 나는 난생 처음으로 세상에는 나 스스로 해결해야 하는 고지서가 무척이나 많다는 사실을 알게 되었다. 아파트 관리비, 신문 대금, 우유값, 전화요금, TV 시청료, 케이블 TV 등 결혼 전에는 한 번도 접해 보지 못한 각종 고지서가 우편함에 쌓여 있었다. 모두 크고 작은 돈을 지출해야만 하는 종이었다. 이러한 고지서를 본 적은 많았지만 나 자신이 직접 챙겨서 해결한 적은 없었다. 이런 고지서들은 내가 받는 월급의 일정 부분을 고정적으로 지출해야만 생활이 가능한 것인데도, 결혼 전까지는 생각해 보지 못한 처음 접하는 비용이었다.

가장 중요한 것은, 나 자신이 발급된 고지서의 모든 서비스에 너무도 익숙해져 있고 그것을 당연시한다는 것, 그러면서도 내가 제공받은 서비스의 대가를 단 한 번도 직접 지불해 보지 않았다는 것이다. 당시 내 급여는 70만 원 정도였는데, 그중 40% 이상이 새로운 보금자리를 위한 고정비로 지출되었다. 자동차 할부금까지 포함하면 급여 중 60~70% 정도가 매달 고정적으로 통장에서 지출되고 있었다.

연애 시절에는 자동차에 관련된 비용을 제외하고 모든 월급을 자신만을 위해 사용했던 나는, 월급 중 50% 정도는 기본적인 생활 유지를 위해 지출해야 한다는 사실을 빨리 깨달아야 했다. 결혼 전 나 자신을 위해 사용했던 씀씀이를 도저히 유지할 수 없었다. 결혼 전과는 분명히 다른 생활을 해야만 하는데, 당시 나는 어떻게 해야 하는지를 몰랐다.

분명한 것은 결혼 후 처음 겪는 이러한 일들이 즐거운 경험은 아니라는 것이다. 다만 이에 대해 마음의 준비를 마치면 조금은 덜 당황스러울 것이다. 이밖에도 이때까지는 경험하지 못했으나 이제부터는 꼭 처리해야 하는 일들이 많다는 것을 알게 될 것이다. 처리할 것이 무엇인지 알면 그만큼 대처할 수 있는 능력이 생기게 된다. 내가 신혼 초에 경험한 것과 같이 당황스런 상황을 접하지 않으려면 이제부터 마인드를 바꾸어야 한다.

마인드를 바꾸기에 앞서 소비 행태를 점검해 보자. 소비 행태를 파악하기에 가장 좋은 방법은 지출을 기록하여 해당 지출이 적당했는지를 검토하는 것이다. 그런 후에 소비항목의 금액을 축소하든지, 아니면 다음부터는 아예 그 부분에 소비하지 않도록 하는 것이다. 이렇게 해서 만들어진 금액을 저축이나 투자 가능 자본으로 만들어 가는 것이 좋다. 가장 좋은 방법은 쓰고 남은 금액을 저축하는 것이 아니라 저축이나 투자 금액을 먼저 정하고 남은 금액으로 소비 행태를 만들어 가는 것이다.

지출의 우선순위를 빨리 깨달아라

우선 나만을 위한 지출을 줄이고 '우리'를 위한 지출을 고려해야 한다. 둘째로 지출 우선순위에서도 우리를 위한 지출이 나를 위한 지출보다 먼저 있어야 한다. 셋째는 지출의 정도를 최소화하고, 지출 내역에 관해 부부가 함께 의견을 수립하고 조정해야 한다. 특히 맞벌이 부부라면 더더욱 그렇다. 각자 벌어 각자 지출하는 경우에는 서로의 지출에 무관심하게 되므로 낭비하게 되는 경우가 많다.

맞벌이 부부는 특히 통합적 지출의 조정에 신경 쓰는 것이 좋다. 요즘 젊은 세대들은 각자의 수입을 각자 관리하는 경우가 많은데 이는 바람직하지 않다. 소득의 일정 부분을 따로 관리하는 데 부부가 합의했다 하더라도 지출에 관해서는 서로 상의하여 최상의 소비 패턴을 유지해야 한다.

상담을 의뢰한 맞벌이 부부 중 어떤 경우는, 부부가 주택마련부금과 주택청약저축 상품을 각각 보유하고 있었다. 한 가구에 세대주만 청약이 가능한 것을 인지하지 못하고, 결혼 전부터 납입해 오던 네 가지 통장을 계속 유지하고 있었다. 상담 후에 필요한 주택 관련 통장만 남기고 불필요한 상품은 다른 금융 상품으로 바꾸어 투자했다.

주택 관련 부분에서 다시 언급하겠지만, 청약부금은 그 활용도 면에서 매우 제한적일 수 있다. 청약부금보다는 청약저축과 청약예금을 보유하는 것이 좋다. 청약저축은 세대주만 가입이 가능하므로 부부 중 세대주가 유지하고, 기존의 청약부금이나 저축은 청약예금으로 전환하여 보유하는 것이 좋다(2년 이상 납입한 청약부금은 청약예금으로 전환이 가능하다).

이렇듯 매우 비효율적으로 자금 운용하는 것을 방지하려면 지출에 관해서는 부부가 서로 합의하여 기본적인 틀을 마련한 후 계획적으로 지출하는 것이 바람직하다. 이제 막 신혼을 시작하는 사람들에게 바로 지금이 생각의 전환이 필요한 시점이라는 것을 강조하기 위해 몇 가지 이야기를 언급해 보았다.

물론 마인드의 변화만 있다고 해서 원하는 재테크를 수행할 수 있는 것도 아니고, 원하는 삶을 영위하게 되는 것도 아니다. 마인드의 변화만큼이나 목표를 설정하고 실행 계획을 수립하는 것이 중요하다. 그러나 마인드의 변화 없이는 계획의 수립과 실행이 불가능하므로 마인드의 변화를 제일 먼저 다루었다. 당신은 스스로 선택하여 만든 새로운 울타리의 주인공이라는 점을 기억하고 이제까지 부모님 밑에서 생활하던 때와 달라져야 한다.

　이제는 자신의 소비 패턴을 점검해 보고, 결혼생활에 대한 마인드도 변화시켜야 한다. 좀더 효율적으로 소비하고 마인드를 변화시키기 위해서는 무엇을 어떻게 해야 하는지 함께 준비해 보기로 하자.

맞벌이 재테크, 따로 하지 마라

이제 막 신혼의 단꿈에 젖어든 3개월 차의 맞벌이 부부 A씨. 이들은 신세대 부부답게 각자의 수입은 각자가 관리한다. 생활비는 50만 원씩 부담하기로 하고, 개인이 쓰는 비용이나 저금은 각자의 스타일에 맞게 관리한다. 서로 사생활은 터치하지 않고 각자의 수입을 관리하니 얼마나 쿨한 생활 방식인가? A씨의 친구들도 모두 이들을 부러워했다. 특히 혼자 벌어 생활을 책임져야 하는 친구 B씨는 특히 그를 부러워했다.

1년 후, 우연히 A씨와 B씨는 술자리를 같이 하면서 미래의 비전을 이야기하게 되었다. A씨는 총각 때와 다름없는 저축 형태를 유지하고 있었지만 B씨는 이미 체계적인 포트폴리오를 구성하고 있었다. 그리고 저축액도 A씨보다 많았다. 그러나 A씨는 내심 맞벌이를 하고 있는 자신의 부부보다는 적을 거라 생각하고 집에 돌아와 아내에게 아내의 저축액을 물어보았다. 그런데 어찌 된 일인지 외벌이인 자신의 친구와 액수 면에서 전혀 차이가 나지 않았다. 더구나 B씨의 보험과 변액보험 가입 여부 등을 따져 봤을 때 A씨의 재테크 방식은 허술하기가 그지 없었다.

재정 컨설팅을 하다 보면 젊은 부부들이 소득을 따로 관리하는 경우가 있는

데, 이런 가정은 월 소득이나 연간 소득이 얼마인지 또 가계의 지출이 얼마인지 정확히 모르고 있는 경우가 대부분이다. 이들은 생활비의 일부를 각자 책임지고 자신이 책임진 생활비에 대해서만 관여했으며, 책임 부분을 제외한 나머지 수입은 각자 관리하고 있었다. 이런 방식으로 돈을 관리하는 맞벌이 부부들이 의외로 많다.

이런 신혼부부는 재테크의 필요성은 느끼지만 각자의 수입을 따로 관리하기 때문에 자신들의 생활 패턴을 전혀 파악하지 못한다. 그러나 결국에는 재테크에 관련된 사항을 아무것도 실천하지 못하게 된다. 효율적인 재테크를 위해서는 각자가 아닌 '우리' 라는 개념으로 생활 패턴을 파악하고, 거기에 맞게 재테크 계획을 세우는 것이 중요하다.

4. 혼수 준비, 거품부터 빼라

　이제 막 결혼을 준비하는 예비 신혼부부들에게 제안하는 또 하나의 마인드 변화는 결혼 준비 비용의 최소화를 실현하자는 것이다. 예비 신혼부부가 영화 속에 나오는 환상적인 결혼식을 꿈꾸는 것은 당연하다. 일생에 한 번뿐인 결혼식을 아름다운 기억으로 만들고 싶은 것은 누구나 마찬가지일 것이다.

　그러나 꿈에 그리던 대로 환상적인 결혼식을 올리는 부부는 거의 없다. 대부분의 예비 신혼부부가 현실과 일정 부분 타협하기 때문이다. 이렇게 일정 부분 타협할 것이라면 결혼 비용을 최소화하여 절약한 만큼 향후 부부에게 필요한 자금으로 만들어 두는 것도 재테크 방법 중 하나다.

미리 짠 '계획안'으로 알뜰한 결혼 준비를

결혼하는 데는 생각보다 많은 비용이 든다. 최단 시간에 최대 금액을 쓴 때가 바로 '혼수 준비' 할 때였다고 이야기하는 것을 들은 적이 있다. 혼수를 준비하는 짧은 기간 동안 많은 비용을 지출하다 보면, 생각지도 않은 비용을 지출하여 예산을 초과하기도 하고, 효과적인 지출을 할 수 없게 되는 경우도 많다.

혼수 준비를 포함한 결혼 준비는 예비 부부가 서로 상의하여 필요한 물건을 정하고 함께 예산을 세우는 것이 좋다. 이렇게 함께 세운 계획에 따라 준비하면 시행착오나 예산 초과를 방지할 수 있다. 미리 짠 계획안은 알뜰한 결혼을 준비하는 최상의 방법이다. 계획안을 준비하는 과정에서 다음의 사안은 반드시 고려해야 한다.

결혼 전에 쓰던 개인 물건 재활용

결혼한다고 해서 모든 물건을 새로 장만할 필요는 없다. 결혼 전 사용하던 물건 중에서 사용 가능한 물건을 정리해 보면 새로 살 물건 품목을 많이 줄일 수 있다.

친구들이 준비해 주는 가전제품

신부 친구건 신랑 친구건 친구들이 축의금 대신 선물로 준비해 주는 가전제품이 상당 수 있다. 주변 사람들을 보면 토스터·믹서·전화기·커피메이커 등을 결혼 선물로 많이 받는다. 결혼 선물을 준비하려던 친구들과 미리 상의하여 중복을 막는다면 낭비를 줄이고 알찬 결혼 준비를 할 수 있다.

혼수용품은 구매 전 확인하고 제품 구매는 한 번에 한 곳에서

가전·가구·침구·주방용품의 혼수품은 대형 쇼핑몰이나 백화점 한 곳을 정해 한 번에 구매하는 것이 좋다. 한 곳에서 물품을 구매하면 대부분의 경우 할인을 좀더 많이 받을 수 있다. 또 시간도 절약할 수 있다.

금융권에서 제공하는 신혼부부 서비스

금융기관에서 신혼부부에게 제공하는 서비스를 이용하는 것도 좋은 방법이다. 신한은행의 경우 토탈웨딩 컨설팅 서비스를 제공한다. 웨딩 컨설팅뿐 아니라 혼수장만 가이드, 신혼주택마련 가이드, 신혼여행 가이드 등의 서비스를 제공받을 수 있다. 결혼 자금이 필요한 경우에는 최고 1,000만 원까지 대출도 가능하다.

'추억'이냐, 미래를 위한 '투자'냐

인생에서 가장 소중한 날을 남부럽지 않게 치르는 것은 중요하다. 그러나 단 하루를 위해 너무 무리하게 지출하다 보면 신랑 신부뿐 아니라 양가 부모님들까지도 힘들어진다. 지나고 생각해 보면 별로 필요 없는 곳에 지출한 경우가 많다. 먼저 경험한 인생 선배로서 한 마디 하자면 이렇다. "나중에 힘에 부치는 무리한 소비는 아예 시작하지 않는 것이 현명하다." 후회할 일은 만들지 말아야 한다.

알맞게 준비하고 절약해서 남은 결혼 비용은 당신의 미래를 준비하는 소중한 종자돈이 된다. 조금이라도 빨리 종자돈을 준비하면 그만큼 당신이 원하는 인생 설계의 정점에 빨리 도달하게 된다. 이제 막 새로운 삶을 시작하는 새내기 직장인과 신혼부부들은 자신들이 원하는 것을 적어서 목록화 해보자. 목록화 작업을 통해 아주 중요한 두 가지 사실을 알게 될 것이다.

필요한 품목 리스트는 둘이 함께 작성하라

좋은 집과 자동차, 아이의 유학, 행복한 노후, 매월 생활비, 냉장고, 세탁기, TV, 좋은 옷과 구두 등 필요하다고 생각되는 모든 것은 목록을 만들어 적어 보자. 부부가 함께 상의하면서 적는 것이 제일 좋은 방법이다. 부부 상호간의 생각을 알 수 있고, 상호 의견을 조정할 수 있기 때문이다. 목록화는 신혼부부의 소비 효율화를 극대화할 수 있는 재미있는 방법이므로 꼭 실천하기 바란다.

원하는 품목 리스트

(가격 단위: 만 원)

원하는 품목	가격	우선순위 (개인적 필요)	삶에 우선순 (삶에 절대적)	비고 (비교 우선순)
아파트	2억	3	4	4
자동차	1,500	2	3	2
냉장고	150	4	2	1
TV	150	1	1	3
다이아몬드	2,000	6	5	6
별장	3억	5	6	5

위의 표와 같이 전부 나열해 보고 이중에서 제일 필요한 것을 상의하며 찾아본다. 목록을 만들 때 각자 원하는 것을 가능한 한 많이 기록하여 리스트로 만드는 것이 좋다. 이렇게 리스트가 만들어지면 각자의 개인적 삶에서 가장 필요한 것부터 우선순위를 정한다. 또 삶에서 가장 중요하고 절대적으로 필요하다고 생각되는 것을 정해 본다. 부부 간에 의견차가 있다면 비교 우선순위를 만들어 두 사람이 공통적으로 우선순위라고 생각하는 항목을 만들어 보는 것도 좋은 방법이다.

이렇게 목록화 작업을 거치다 보면, 단순히 자신이 필요하다고 느끼는 것과 삶에 꼭 있어야만 하는 중요한 것과는 차이가 있다는 것을 알게 된다. 또 목록화의 우선순위를 정하다 보면 부부 간의 생각 차이도 발견하게 될 것이다. 이렇게 작성한 우선순위의 차이를 바탕으로 부부가 상의하여 정말로 필요한 것에 우선순위를 둔다. 본인이 원하는 것을 상대방이 원하지 않을 수도 있으므로, 그러한 차이를 이해하고 조정하여 함께 순위를 정하는 것이 중요하다.

순위 조정 작업을 거치고 나면 절대적으로 필요한 물건의 총 금액을 확인해 본다. 집, 자동차 등 원하는 것이면서 절대적으로 필요한 것을 모두 정리하여 금액을 합하면 생각했던 것보다 훨씬 많은 금액이 필요하다는 것을 알게 될 것이다. 이런 절차를 통해 어떤 것이 절대적으로 필요한지, 또 그 절대적인 것만을 준비하는 데도 얼마나 많은 금액이 필요한지 깨닫게 될 것이다.

기록하는 것만으로도 달라질 수 있다

원하는 것을 목록화하는 작업은 이때까지 가져온 막연한 생각과 잘못된 고정 관념을 전환시키는 좋은 방법이다. 목록화 작업을 하다 보면 그냥 단순히 가지고 싶거나 남에게 보이고 싶어서, 혹은 자기만족을 위해서 필요하다고 생각한 많은 것들이 본인에게 꼭 필요한 것인지 필요 없는 것인지를 알게 된다. 또 이렇게 정리해 목록을 만들면 자신이 미처 알아채지 못한 허영이 무엇이었는지도 알게 된다. 리스트 만드는 작업을 통해 정말 필요한 것과 막연히 원하는 것의 차이를 발견함으로 좀 더 효과적이고 체계적인 지출을 유도할 수 있다.

신혼부부의 경우 이러한 목록화 작업을 통해 단지 원하는 것과 정말 필요한 것의 차이를 느끼고 선별하는 방법을 터득해야 꿈꾸던 미래를

빨리 실현할 수 있다는 사실을 잊지 말기 바란다. 이러한 마인드 변화
가 미래의 삶을 더 풍요롭게 하는 초석이 된다는 것을 반드시 기억해야
한다. 목록화 작업과 부부 간의 의견 조정 과정은 서로의 사랑을 확인
하고, 어떤 것이 필요한지 선별하는 방법도 배우며, 무엇이 왜 중요하
고 어떻게 준비해야 하는지에 관한 마음 자세를 가다듬는 기회도 될 수
있다.

5. 부부의 목표,
구체적으로 설계하라

재테크에 관한 책이나 글을 접하다 보면 어린 시절의 경제 감각이 중요하다고 하는 것을 자주 보게 된다. 어린 시절의 경제 감각이 성년이 된 이후에도 크게 영향을 미친다는 말이다.

이러한 이야기들 중에 '만족 지연'이라는 것이 있다. 만족 지연이란 본인의 목표 달성을 위해 순간적인 충동과 욕구를 자제함으로 현재의 즐거움을 지연시키거나 확대시키는 능력을 말한다. 이 만족 지연은 신혼부부뿐 아니라 모든 사람들에게 요구되는 필수 요소다. 특히 새로운 삶을 시작하는 신혼부부는 세상을 배우기 시작하는 어린아이와 같아서, 새로 시작하는 인생에서 만족 지연이 꼭 필요한 요소가 될 것이다.

어린 시절에 만족 지연 능력을 키운 아이들이 그렇지 않은 아이들보다 사회적 성취도가 훨씬 높고, 사회생활에서 발생하는 여러 문제를 해결하는 능력도 뛰어나다고 한다. 이런 점을 결혼생활에도 적용할 수 있다. 새로 시작하는 결혼생활에서, 필요한 모든 것을 즉흥적이고 무계획적으로 소비하는 행동을 지속한다면 원하는 미래의 삶과는 거리가 생길 수밖에 없다.

저축과 투자는 현재 소비하라고 지시하는 마음속의 충동을 억제하여 현재의 만족감 대신 미래의 이자 수익이나 투자 수익에 가치를 두는 행위다. 당신은 저축과 투자를 위해 그리고 행복한 미래를 위해 만족 지연이나 기다리는 법을 배워야 한다. 이자나 투자 수익은 미래를 위해 참고 기다린 시간에 대한 대가를 지불받는 것이기 때문이다. 같은 맥락에서 당신도 소비 욕구를 절제하거나 통제하여 현재의 만족감 대신 미래에 가치를 둘 줄 알아야 한다.

이렇게 미래의 가치를 중요시하는 마인드의 변화가 필요하다. 미래의 가치가 중요하다는 것을 인식하면 스스로 미래를 위한 목표를 설정하기 때문이다.

목표는 작은 것부터 구체적으로 정하라

미래에 어떤 삶을 살기 원하는가? 어떤 집에서 생활하고, 아이들은 어떻게 키우고 싶은지, 언제 은퇴하고 노후는 어떻게 보낼 것인지에 대해 생각해 보자.

목표를 정하는 방법은 아주 많다. 단순히 60세에 살고 싶은 주택의 그림을 책상 앞에 붙이는 방법도 주택에 관한 목표 설정이라 할 수 있다. 좀더 구체적인 방법으로는 각 연령대별로 살고 싶은 집을 구분하여 정하는 방법도 있다. 부부가 상의하여 가장 구체적으로 목표를 정하라. 이렇게 그림까지 찾아서 붙여두는 이유는 '시각화' 가 좀더 효과적이기 때문이다. 또 책상 위에 붙이는 이유는 눈에 자주 띄게 함으로써 자기 자신을 자극하여 목표 달성의 의지를 높이려는 것이다.

이러한 방법으로 주택, 자동차, 원하는 소득, 세계일주 등 각자가 원하는 것을 시각화하여 자신의 행동반경 내에서 눈에 가장 잘 띄는 곳에 붙여 놓는다. 가능하면 목표는 작은 목표부터 시작하여 점차 큰 목표로 나아가는 것이 좋다. 작은 목표들을 성취해냄으로써 자신을 더 자극하고 동기를 유발하여 더 큰 목표로 나아갈 수 있기 때문이다. 또 이렇게 이루어낸 성과와 작은 목표들은 최종 목표를 성취하기 위한 행동을 지속하게 해준다.

목표를 정하는 것보다 목표를 정한 후가 더 중요하다. 목표를 정하고 나면 목표를 실현하기 위한 구체적인 실천 방안을 준비해야 한다. 목표의 실천 방안은 가능한 한 구체적인 것을 마련하는 것이 좋다. 구체적인 실천 방안 마련을 통해 본인의 잠재의식을 지속적으로 자극할 수 있기 때문이다.

현재의 만족보다는 미래의 행복을

1장에서는 결혼하는 신혼부부가 이제 막 새로운 삶을 시작하면서 준

구체적인 목표 설정표

연령대	개인의 목표
20대	종자돈 1,000만 원 모으기
30대	20평 아파트 구입, 2세 만들기, SUB, 예비비 1,000만 원, 종자돈 3,000만 원
40대	30평 아파트 구입, 투자금 1억 원, 안정금 5,000만 원, 교육자금 5,000만 원, 노후자금 50% 준비
50대	은퇴자금 100% 준비, 자녀 결혼자금, 세계일주
60대	사회 활동, 제2직장 준비, 독서 연간 50권
노후	매일 2시간 운동

비해야 하는 것 중 마인드의 변화가 가장 중요하다는 것을 이야기하고 싶었다. 마인드의 변화를 통해 인생의 새로운 지표를 만들어 보자는 것이다. 결혼 준비에 대해 언급한 이유는 인륜지대사인 결혼도 생각하기에 따라서는 재테크의 시작이 될 수 있으며, 또 마인드 변화의 시발점이 되어야 한다는 것을 강조하기 위해서였다.

결혼 준비는 짧은 기간 동안 많은 비용을 지출하게 되므로 잘 준비해야 하고, 또 가능하다면 비용을 최소화하여 남는 금액은 재테크 준비 자금으로 사용하는 것이 바람직하다. 1장의 마지막에서 다룬 목록화 작업과 목표 설정은 마인드의 변화를 통해 목표를 설정하자는 취지이며, 당신이 목표를 설정함과 동시에 마음 자세를 가다듬기 원하는 마음에서 언급해 보았다. 사람들은 자신이 설정한 목표를 성취하기 위해 노력할 것이고, 이러한 목표 설정은 다시 한번 마음 자세를 가다듬는 데 도움이 되니 꼭 부부가 함께 실천해 보기 바란다.

　궁극적으로 1장은 마인드의 변화를 통해 인생의 목표를 설정하고, 부부의 인생 계획을 간단히 수립해 본 후 이를 점검해 보자는 것이다. 인생은 돈이 많다고 행복한 게 아니다. 돈이 행복을 만들어 주는 것은 아니지만 돈이 궁한 상태의 행복도 그리 오래가지는 않는다. 그러므로 돈에서부터 자유로우면서 좀더 당당한 삶을 살기 위해 목표를 정하고 이를 실현해 가자는 것이다.

2장
부부의 인생 주기에 맞춰
이벤트를 계획하라

1. 부부의 연령대별 인생 이벤트를 준비하라

우리는 태어나서부터 20~30년까지 부모의 보호 아래 삶을 살아가는 지혜와 방법을 배우고 지식을 습득한다. 대부분의 남성은 군대를 다녀온 후 20대 중후반부터 여성은 이보다 조금 빠른 20대 초중반부터 경제생활을 시작한다. 이렇게 사회의 구성원이 되어 경제생활을 시작하면 고정적인 수입이 발생하고 자연히 지출을 동반하게 된다. 고정적인 급여를 지급받는 시기부터 급여를 잘 관리하는 사람은 재테크를 위한 종자돈을 빨리 마련하게 된다. 그러나 급여 관리나 지출 관리를 제대로 하지 못하는 사람은 결혼이 계기가 되어 재테크를 준비하는 것이 보편적인 경우다.

부부의 인생설계는 구체적이면서 현실적으로

연령대별로 이벤트에 맞춰 준비하고 재정설계를 하는 것은 아주 당연한 것이다. 이러한 재정설계를 수행하기 전에 준비해야 할 필수 사항이 있다. 물론 마인드의 변화가 최우선이겠지만, 마인드의 변화를 가져왔고 준비에 대해 인식하고 있다는 가정 하에 가장 우선적인 것은 부부의 인생설계다.

당신은 지금 신혼이기 때문에 '부부가 함께하는 인생설계'라는 말만 들어도 가슴이 뛰겠지만, 실제로 필요한 인생설계는 신혼여행 첫날밤에 세우는 황홀하고 달콤한 그런 희미한 인생설계가 아니다. 구체적이면서도 가치관이 담겨 있는 인생설계여야 한다. 우선 큼직큼직하게 연령대별 목표와 실천 방안을 생각해 보고, 이 목표와 실천 방안 속에 부부의 가치관이 들어가도록 만드는 것이 중요하다.

예를 들면, 사회봉사나 복지관련 활동 같은 것을 포함시킬 수 있다. 2세 계획도 고려해 보자. 그쯤 되면 아이의 진로, 아이가 어떤 삶을 살기 원하는지, 그리고 그렇게 만들어 주기 위한 부모의 역할은 무엇인지에 대해서도 생각해 볼 수 있다. 또 부부가 노후를 어떻게 보낼 것인지, 그에 따른 준비는 어떻게 해야 하는지에 관해서도 생각해 보는 것이 좋다.

그러면 이제 우리가 살아가는 인생을 연령대별로 알아보자. 다음은 살아가면서 대부분의 사람들이 공통적으로 경험하는 인생의 중요 이벤트(사건)를 나타낸 것이다. 각각의 이벤트는 연령대별로 나타나 있으며, 신혼부부는 각 연령대에 맞게 이벤트를 적절히 준비하고 대처해야 한다. '적절'이라고 표현하는 것이 인생의 재정설계라고 할 수 있다. 너무 막연하게 생각하고 준비하면 적절이라는 표현이 무색해진다. 적절이란 무리하지 않으면서 효율적으로 미래를 준비하는 것이다.

연령대별 이벤트 찾기

20대 - 종자돈 형성기

어린 시절부터 열심히 저축하거나 아르바이트를 하여 이미 종자돈을 만들어 놓은 사람도 있겠지만 그런 경우는 매우 드물다. 대부분의 사람들은 정규적인 일을 시작하면서 규칙적인 수입이 생긴다. 그 시기가 바로 20대다. 규칙적으로 생기는 수입을 모두 소비하지 않고 일부를 차곡차곡 모으는 사람은 현재 종자돈을 모으고 있을 것이다.

종자돈은 영어로 'Seed Money'라고 한다. 씨앗이 되는 돈이라는 뜻이다. 무조건 모아둔 돈이 아니라 씨앗처럼 어디엔가 묻어두면 향후에 더 많은 열매를 거둘 수 있는 돈, 즉 투자를 위한 돈을 말하는 것이다. 20대에 마련한 종자돈은 규모가 작을 수밖에 없다. 그렇다고 실망하지 마라. 눈덩이 굴릴 때를 생각해 보자. 눈사람을 만들 때 처음 굴리는 눈덩이는 주먹만하여 아주 작지만, 몇 번 눈밭에 굴려 어느 정도의 크기가 되면 한 번 굴릴 때마다 새로 붙는 눈의 양이 점점 많아져 굴리기가 힘들 정도로 커지지 않는가.

이 시기는 결혼을 준비하는 시기이기도 하다. 결혼 준비를 위해 일정 금액을 따로 모으는 사람이 있는데, 결혼 준비 자금은 종자돈과는 조금은 다른 개념이다. 종자돈은 투자를 위해 준비하는 자금인 반면, 결혼 준비 자금은 미래에 예측되는 소비를 위한 자금이기 때문이다. 이러한 준비 자금은 투자를 위한 자금과는 구별하여 따로 준비해야 한다. 용도가 다르므로 다른 주머니에 따로 모아두는 것이 각각의 자금을 중단하지 않고 지속적으로 모을 수 있는 방법이다.

30대 - 재산 형성기

이 시기에는 대부분의 사람들이 결혼을 기반으로 재산 형성에 돌입한다. 20대에 비해 수입이 상당히 증가했는데도, 주택 마련과 육아 및 교육비용 발생으로 지출이 많아져 저축이 힘든 시기다. 그러나 이 시기는 인생의 축을 만들고 미래를 보장받을 수 있는 시기이기도 하다. 이 시기를 잘못 보내면 재산 형성은 물론 인생설계 전반에 큰 문제가 생긴다. 종자돈 마련을 넘어서 부부의 재정 목표를 수립하고, 그 목표를 실현하기 위한 지속적인 관리가 중요한 시점이다.

흔히들 지출이 증가했다고 하지만 수입이 증가했다는 사실을 간과해서는 안 된다. 가장 중요한 것은 지출 관리를 철저히 하여 저축 가능한 자금을 최대화하는 것이다. 동시에 위험한 금전 관리는 피해야 한다. 특히 가족을 부양하는 사람은 가족이라는 울타리가 생겼다는 사실을 기억하고, 이에 대해 책임져야 한다는 사실을 잊지 말아야 한다.

또 이 시기는 40대 재산 증식기를 준비하는 시기다. 다가오는 40대에 재산 증식의 기회를 잃지 않으려면 종자돈을 모으던 20대와는 달리 다소 공격적인 투자가 필요하다. 나이가 들면 아무래도 안정적인 투자를 하게 된다. 그러나 안정적일수록 투자 수익률은 적다. 공격적이라고 말한 것은 재산 형성을 위해 재정 상태 구성비율을 공격적으로 구성할 필요가 있다는 것이지, 위험에 처할 정도로 과하게 투자하라는 것은 아니다.

40대 - 재산 증식기

이 시기는 은퇴를 준비함과 동시에 자녀교육을 마무리하는 시점이고, 자녀교육이 마무리되면서 자녀의 결혼 자금을 준비하는 시기다. 40대 후반은 대부분의 자녀가 대학을 준비하거나 입학하는 시기로, 우리나라의 교육 환경에서 막대한 사교육 자금이 필요한 때이기도 하다. 30대에 주택 마련에 주안점을 두었다면, 40대에는 주택 확장과 자녀의 교육비 증가가 일반 가정의 최대 이슈가 될 것이다. 대부분의 사람들은 30대와 마찬가지로 지출이 너무 많아 저축이나 투자가 어렵다고 한다. 30대에 재산 형성을 위해 지출 관리를 철저히 하고 수입 중 일부를 재산으로 형성했던 것처럼, 40대에는 재산 증식을 위해 지속적인 지출 관리와 투자 관리가 필요하다.

물론 30대보다는 다소 덜 공격적으로 재정 상태를 구성할 수 있으나, 현재 형성된 재산의 상태에 따라 재정 구성 상태를 달리해야 한다. 즉, 효과적인 재산 증식을 위해 재산 형성 정도에 따라 공격적인 투자가 필요하기도 하고 다소 안정적인 투자가 필요하기도 하다. 특히 이 시기에는 자신의 재정 목표에 따라 투자 기간을 단기·중기·장기로 구분하여 투자하거나 저축하는 것이 중요하다.

이 시기에는 앞으로 사회 활동으로 획득 가능한 수입의 정도와 그 기간을 고려해야 하며, 이에 따라 재정 목표를 조정해야 한다. 이러한 것을 충분히 인지하고 기존의 재정설계를 수정하거나 보완할 필요가 있다.

50대 - 재산 증식 및 관리 시기

대부분의 사람들은 이 시기에 자신의 최대 재산을 형성한다. 형성된 많은 재산으로 40대와 같이 재산 증식을 위해 투자하기도 하지만, 좀더 안정적인 노후를 위해 그동안 형성하고 증식한 재산을 관리하는 시기라 할 수 있다.

이 시기에 중요한 것은 자녀의 결혼과 노후 준비의 마무리다. 당신의 재정목표와 설계는 은퇴 이후로 초점을 맞추는 것이 바람직하다. 은퇴 후를 착실히 준비해 온 사람이라면 별 문제가 없겠지만 그렇지 못한 사람은 정말로 큰 문제를 안게 되는 시기다. 노후를 충분히 준비하지 못한 사람은 사회 활동을 통해 자신에게 필요한 수입을 얼마간 지속할 수 있는지 파악하고, 남은 기간 동안이라도 최선을 다해 노후 준비를 해야 한다.

재산 형성이 잘된 사람은 막연히 은퇴 후를 생각하는 정도에서 끝내지 말고, 명확한 재정 목표를 세우고 새로운 재정설계에 들어가야 한다. 즉, 노후에 필요한 자금을 계산하고, 원하는 생활 자금의 마련이 가능한지의 여부를 확인한다. 또 안정적으로 생활하기 위해서 형성된 재산을 어떻게 운영할지에 관해 좀더 구체적으로 확인하고 점검해야 한다.

마지막으로 상속과 증여에 관해 준비하는 시기이기도 하다. 상속과 증여는 10년에서 15년을 내다보고 준비하는 것이 효과적이므로, 50대 후반 정도에 준비하는 것이 바람직하다.

60대 - 재산 관리 및 배분 시기

'인생은 60부터' 라는 말이 딱 들어맞는 세상인 것 같다. 예전과 달리 요즘 60대는 대중교통을 이용하면서 자리를 양보받기가 어렵다고 한다. 너무 젊어 보여 양보를 해야 하는지 말아야 하는지 눈치만 본다는 것이다. 이 책을 보는 독자들은 지금의 60대보다 훨씬 젊은 60대를 보내게 될 것이다. 또 평균 수평의 연장으로 현재의 60대보다 은퇴 후의 삶을 더 많이 살아야 할 것이다. 이 시기에는 남은 인생 동안 자신이 생각해 온 삶을 지속적으로 영위할 수 있도록 재정 목표를 세워야 한다. 우선 재산의 안정성과 유동성을 고려하고, 또 건강에 각별히 신경 써야 한다. 이 시기에 가장 많은 의료비가 든다는 사실을 기억하라.

재정 목표보다는 재정 상태 유지라는 말이 훨씬 잘 어울리는 시기로, 가장 안정적이고 언제나 현금화가 가능한 재산을 준비하는 것이 좋다. 요즘에는 부동산이나 상가가 노후 준비 수단이라고 생각하지 않는다. 노년기가 될수록 유동 자산의 중요성이 점점 커진다는 사실을 잊지 마라.

연령대별로 당신이 생활하게 될 미래를 미리 알아보았다. 당신은 현재 20대이거나 30대 초반이므로 이러한 이야기가 다소 생소하게 들릴 수 있지만, 당신도 곧 이 인생 주기와 아주 흡사한 인생을 살게 될 것이다.

이제 연령대별 인생에 대해 알았으니 각 연령대에 맞는 준비 사항에 관해 검토해 보자. 무엇보다도 마음의 준비가 우선이라는 사실을 잊지 마라. 인생을 살아가면서 중요한 한 가지는 당신의 준비가 연령대별로 차이를 보여야 한다는 것이다. 즉 2, 30대 젊은 시절에는 다소 공격적인 금융 상품을 이용하는 것이 바람직하고, 5, 60대에는 그동안 만들어 온 재산을 효율적으로 분산하여 안정적인 노후를 준비할 수 있는 금융 상품을 이용하는 것이 바람직하다. 40대가 가장 정의하기 어려운 시기인데, 이 시기에는 자신의 재정 상태를 파악하여 공격과 방어를 적절히 할 수 있도록 금융 상품의 포트폴리오를 구성할 필요가 있다.

2. 부부 인생의 5대 자금을 준비하라

인생 주기를 보면 각 시기에 필요한 목적 자금이 있다는 것을 알 수 있다. 인생에는 중요한 시점마다 필요 자금이 발생하는데, 일반적으로 이 필요 자금이 다섯 번 정도 발생한다고 한다. 그것을 인생의 5대 자금이라고 한다.

예비비

인생이라는 긴 여정을 살다 보면 예상치 못한 일이 생기는 경우가 있다. 이를 대비하기 위해 보험에 가입하는 것처럼, 가정에서 뜻하지 않게 발생하는 경제적인 문제를 해결하기 위해 쓰는 자금을 '긴급자금' 또는 '예비비' 라고 한다. 한 가정의 예비비 규모는 보통 3개월에서 6개월 정도의 생활비를 말한다. 즉, 생활비가 200만 원인 가정의 경우는 600만 원에서 1,200만 원 정도의 금액을 예비비로 준비하는 것이 일반적이다. 꼭 6개월치가 되어야 하는 것이 아니므로 보통 1,000만 원 정도를 예비비로 준비해 두면 충분할 것이다.

예비비 보관에 적당한 CMA

예비비는 갑자기 사용처가 발생했을 경우에 대비하는 것으로, 유동성과 근접성이 용이한 것을 선택하여 관리하는 것이 좋다. 그렇다고 집에서 가장 가까운 은행의 보통예금 상품에 가입하여 관리하라는 것은 아니다. 시중 은행의 보통예금은 이자율이 너무 낮으므로 은행 상품 중에서는 MMDA 또는 종금의 CMA 등에 가입하여 관리하는 것이 이자율 면에서 좋을 것이다. 일반 은행의 보통예금 이자율은 2% 이하로 구성되어 있으며, 예금 금액과 저축 기간에 따라 이자가 발생하지 않을 수도 있다. 그러나 종금사의 CMA 상품은 약 연 3.8%의 이자가 발생하기 때문에 훨씬 유리하다는 점을 기억하여 활용하기 바란다.

마이너스 통장 개설

또 하나의 예비비 준비 방법은 자신의 주거래 은행을 통해 마이너스 통장을 만드는 것이다. 개인의 신용도에 따라 300만 원에서 2,000만 원까지 사용 가능한 마이너스 통장을 만들 수 있다. 재직증명서나 소득금액 증명원 정도의 간단한 서류 제출만으로 가능하니 참고하기 바란다. 마이너스 통장을 개설할 때는 부부 중에 신용이 높거나 대출 가능 금액이 많은 쪽에서 만드는 것이 좋다. 상황이 급할 때 따로 대출 절차 없이 통장에서 인출이 가능하므로 마이너스 통장을 활용하여 예비비를 준비하는 것도 하나의 방법이다.

보험 상품의 약관대출

마이너스 통장과 같은 방법으로 사용할 수 있는 것이 당신이 가입한 보험 상품의 약관대출이다. 자신이 가입한 보험의 해약 환급금을 담보로 대출받는 형식인데, 짧은 기간 동안 사용하기에는 편리하다. 요즘은 보험회사의 창구를 직접 내방하지 않고 전화 통화만으로도 대출 신청이 가능하다. 자신의 보험 납입 자동이체 통장으로 대출 금액이 바로 입금되기 때문에 마이너스 통장과 같은 효과가 있다.

중요한 것은 두 상품, 즉 마이너스 통장의 이자율과 보험사의 약관대출 이자율을 비교하여 더 저렴한 것을 선택해야 한다는 것이다. 마이너스 통장의 경우는 자신의 소득과 직업에 따라 다른 이자율을 적용하므로 이자율 확인이 꼭 필요하다. 물론 두 가지를 동시에 사용하는 경우도 발생하겠지만, 이러한 것은 모두 예비비를 준비하기 위한 방법이므로 자주 이용하여 수입을 이자로 낭비하는 일은 없도록 해야 한다. 특히 마이너스 통장의 이자율이 연 20% 이상인 점을 감안한다면 장기간 사용하는 것은 아주 비효율적이다.

생활비

노력 여하에 따라 가장 많이 줄일 수 있는 비용이다. 현재 도시 근로 자의 가구 당 월 평균 소득은 325만 원이고, 평균 소비 지출은 253만 원 으로 소득 대비 지출이 75%라고 한다. 생활비는 매월 꾸준하게 필요한 자금으로 일시적 중단이나 갑작스런 증가가 발생하지 않는 자금이다.

다른 모든 비용도 중요하기는 마찬가지지만 생활비는 한 가정에서 가장 중요한 자금이다. 생존과 직결된 비용이기 때문이다. 그래서 일반 가정에서는 가장 높은 지출 비중을 지닌 자금이기도 하다. 이 말을 다 시 해석하면, 가장 높은 비중의 소비 지출 비용이기에 가장 많이 축소 가 가능한 부분이기도 하다는 뜻이다.

생활비에서 가장 높은 비중을 차지하는 것이 식료품비와 교통·통신 비다. 외식비와 통신비 그리고 잡비로 지출되는 비용은 62만 원, 즉 생활 비 전체 금액의 32%나 된다. 이 32% 중 일부는 노력 여하에 따라 상당 부 분이 조정 가능한 금액이라는 점을 기억해야 한다.

가정의 안정적인 미래를 위해서 생활비 지출 항목을 점검해 볼 필요 가 있다. 생활비를 점검하는 가장 좋은 방법은 가계부를 작성하는 것이 다. 매월 작성한 가계부를 통해 낭비된 부분을 파악하고 점검한다면 지 출을 효과적으로 줄일 수 있다.

주택 구입비

언제부터인가 주택은 생활하는 거주 공간이라기보다는 자신을 보여주고 평가받는 상징물이 되었다. 이러한 편견이 몇 십 년 후까지 지속되지 않고 어서 빨리 깨지기를 바랄 뿐이다. 특히 이제 막 신혼을 시작하는 사람들에게는 주택의 주거 기능이 최우선시 되어야 한다. 수입이 안정될 때까지는 그렇다.

주택 구입비는 예비비 마련과 달리 장기적인 관점에서 접근하는 것이 바람직하다. 주택은 매우 비싸 쉽게 구매할 수 없기 때문이다. 또 한 번 구입하면 장기간 거주해야 한다는 것도 주된 이유다. 그렇다고 모든 재테크 방법이 주택 구입을 위한 수단이 되는 것은 바람직하지 않다.

주택을 용이하게 구입하기 위해서는 주택 구입비 명목으로 따로 적립할 것을 권한다. 즉, 청약저축이나 청약예금 같은 금융 상품에 가입함으로써 새로 건축하는 집의 분양권을 획득해야 한다. 그러나 그런 금융 상품만으로는 주택을 장만할 수 없다. 주택 마련에 실질적으로 도움이 되는 다른 금융 상품에 가입해 저축해야 한다. 다시 말하면, 소득 중 일부를 주택 마련을 위해 따로 모아야 한다는 것이다. 이러한 금융 상품의 통장에는 반드시 '주택 마련용' 이라고 적어 두라. 그리하여 주택 마련까지 가는 도중에 발생하는 무수한 가계 재정 변동 속에서 해약이라는 최악의 상황을 방지할 수 있어야 한다.

우리나라에 살면서 내 집 마련이라는 거사를 무시하기는 매우 힘들다. 그러나 주택 마련에 지나치게 집착하는 것은 미리 겁을 먹고 포기하는 것만큼이나 비효율적이다.

우선 부부가 언제, 어떤 집을, 어디에 구입하면 좋을지 상의해 보라. 그것이 주택 마련의 첫걸음이다. 이러한 상의를 통해 언제 얼마의 금액이 필요한지를 알게 될 것이다. 그렇다면 필요한 금액을 마련하기 위해 남은 기간 동안 얼마를 저축해야 하는지도 알 수 있다. 필요한 자금의 최소 70% 정도는 저축으로 준비하고, 나머지는 대출 등을 활용할 것을 상의해서 결정한다.

필요 금액을 결정하기 위해서는 어디에 주택을 마련할 것인지가 매우 중요하다. 강남에 마련하는 것과 위성도시에 마련하는 것은 금액 면에서 큰 차이가 있다. 강남에 40평짜리 아파트를 사겠다고 처음부터 무리하게 목표를 정하기보다는 위성도시에 24평짜리 아파트를 구입하겠다는 것이 훨씬 더 바람직한 목표임을 잊지 마라. 노후와 자녀교육 같은 다른 문제도 함께 준비해야 한다는 것을 상기하기 바란다.

이제 주택 마련을 위해 무엇부터 해야 하는지 순서를 정해 보자.

1. 언제 집을 장만할 것인가?
2. 어디에 장만할 것인가?
3. 소요되는 금액을 얼마로 예상하는가?
4. 그러기 위해서는 매월 얼마를 저축하는 것이 좋은가?
5. 언제까지 그곳에 살고 이사할 것인가?

당신은 1~5까지 언급한 내용을 지속적으로 반복하며 생활하게 될 것이다.

자녀 교육비

부모라면 당연히 자녀가 좋은 대학에 입학해 좋은 교육을 받고, 그 교육을 바탕으로 사회적으로 성공하기를 바랄 것이다. 그래서 부모들은 자녀교육을 위해 아낌없이 비용을 지불한다. 현재 나와 있는 통계 자료를 종합해 보면, 자녀 1인 당 유치원부터 대학 교육까지 드는 비용은 1억 원이 넘는다고 한다. 그중 사교육비가 차지하는 비중이 50% 정도다.

교육비는 부모의 가치관이나 가정 형편에 따른 편차가 심하지만, 분명한 사실은 어떤 가정에서도 교육비가 차지하는 비중이 결코 작지 않다는 것이다. 그렇게 과도한 교육비를 준비하느라 재테크를 할 수 없다는 사람도 많다. 이러한 문제를 해결하기 위해 기억해야 할 몇 가지 사항이 있다.

계획을 세우자

자녀교육은 거의 20년이나 소요되는 장기 프로젝트다. 앞에서 언급한 것처럼 1억 원 이상의 금액이 소요되고 기간도 20년이 넘는다. 20년짜리 계획을 수립하여 금액을 산정하고 계획의 진행 방법을 결정해야 한다.

조기 준비가 최선이다

자녀에게 부모로서 해줄 수 있는 최소한의 것이 자녀의 행복한 미래를 위한 교육일 것이다. 이렇게 생각했다면 자녀교육을 위한 준비를 일찍 시작하는 것이 좋다. 1억 원을 10년 동안 준비하는 것보다는 20년에 걸쳐 준비하는 것이 훨씬 부담이 적기 때문이다. 또 초기에 준비한 금액은 나중에 더 많은 금융 이자나 금융 수익률을 제공해 주기도 한다.

기간에 맞는 상품을 선택하자

교육 기간이 긴 것처럼 준비 기간 역시 길다. 자녀들의 교육 기간에 적합한 금융 상품을 선택하여 준비해야 한다. 계획에 맞는 기간과 상품을 선택하는 것이 중요하며, 기간이 장기라는 사실을 염두에 두고 준비 자금의 일부는 장기적이면서 공격적인 투자 상품을 이용하는 것도 바람직하다.

노후 생활비

결국 우리가 준비하는 모든 재정설계의 목적은 행복한 생활을 영위하고 은퇴 후까지 편안하게 사는 것이다. 그렇다면 편안한 노후 생활의 준비야말로 재정설계의 궁극적인 목표라 할 수 있다. 노후 준비를 위해 고려할 사항은 다음과 같다.

은퇴 후 몇 년을 더 살고 비용은 얼마나 들 것인가

정년을 58세로 가정한다 해도 평균 수명이 80세라고 한다면 소득 없이 살아야 하는 기간은 22년 정도다. 남은 22년을 위해 얼마의 자금을 준비해야 할까? 나는 간혹 이런 이야기를 들으면 '자장면 토크'를 이야기한다. 시중에서 자장면 가격이 4천 원이라고 할 때 부부가 자장면 한 끼를 먹기 위해 소비하는 돈은 8천 원이고, 하루 세 끼를 먹는다면 2만4천 원이다. 이것이 한 달이면 72만 원, 1년이면 864만 원, 그리고 22년이면 1억9천만 원이라는 계산이 나온다. 만약 탕수육이라도 먹고 싶다면 지금 계산한 금액으로는 충분하지 않다.

확실한 것은 노후가 길어졌다는 것이다. 22년이라면 짧은 기간이 아니다. 이에 대한 준비가 필요하다. 식사비용으로만 1억9천만 원이 필요하다면, 부부가 여행을 하거나 최소한의 사회 활동을 포함한 다른 노후 생활을 한다면 더 많은 자금이 필요하다는 것이다. 최근 신문 지면을 통해 나오는 이야기를 보면, 노후에 필요한 금액은 적게는 7억5천만 원에서 많게는 10억 원 정도라고 한다.

은퇴 후 어떤 생활을 할 것인가

노후 생활이 단지 먹고 사는 것에 그치는 것은 아니다. 적잖은 사회 활동 비용이 필요하다. 우선 손자의 용돈, 친구들과의 여행, 일하는 동안 바빠서 하지 못했던 모든 행사를 위해 일정 금액의 비용이 발생할 것이다.

소득의 절정기에 있던 50대 중반 이후와 같은 삶을 영위할 수 있는지,

아니면 소득 절정기 이전보다 훨씬 검소한 생활을 해야 하는지를 결정해야 한다. 자녀가 결혼해 부양가족이 없어 생활비 자체는 줄어들 수 있지만, 어떤 사회 활동을 영위할 것인지의 문제는 충분히 고려해야 한다.

은퇴 후의 건강은 어떻게 유지할 것인가

젊은 시절과 달리 건강이 악화되는 시기로 건강 유지를 위해 많은 시간을 보내게 될 것이다. 그런데도 운동만으로는 건강을 유지하기가 어려워진다. 즉, 치아나 관절 등의 노화로 생기는 질병은 건강보조식품이나 운동으로 해결이 불가능하다. 그러다 보면 병원에 자주 가게 되고, 젊은 시절과 달리 의료비 지출이 많아지게 된다. 평생 동안 사용하는 의료비의 70~80%를 은퇴 후에 사용한다는 통계가 있으므로 이에 대한 준비를 철저히 해야 한다.

지금까지 인생 주기별 이벤트와 준비 사항, 인생의 5대 자금의 중요성 및 특성에 대해 알아보았다. 이 많은 것을 어떻게 준비해야 할지 잔뜩 걱정되는 독자들이 있을 것이다. 그러나 많은 부부가 왜 준비가 필요하고 또 왜 일찍부터 준비해야 하는지를 충분히 이해했을 것이다. 이해하는 데서 그치지 말고 더 나아가 반드시 실천해 보기를 바란다.

구체적인 계획을 세우고 돈을 모아라

꼼꼼하기로 사내에서도 유명한 나 대리는 신혼생활 3개월에 접어든 새내기 남편이다. 집들이에다 양가 집안으로 인사 다니느라 지난 몇 개월을 어떻게 지냈는지도 모를 지경이다. 그는 자신의 결혼식에서 사회를 봐준 대학 선배를 찾아가 점심을 대접하며 결혼생활에 대한 여러 가지 자문을 구했다. 그러면서 미래를 위해 총각 때보다 더 열심히 저축하고 있다며 자랑을 늘어놓았다.

그러자 선배는 나 대리에게 물었다.

"그래? 그렇다면 주택 마련은 몇 살에 할 계획이야? 청약저축에는 가입했겠지? 아이들 교육비에 대한 대책은 어떻게 세웠어? 그리고 건강보험은 어떤 상품에 가입는데? 노후 대비책은 어떻게 할 생각이야?"

갑자기 나 대리는 멍한 느낌이 들었다. 단지 월급 통장에서 60%를 저축한다는 생각만 했을 뿐 구체적인 계획은 아무것도 없었기 때문이다. 건강보험에는 정확히 어떤 상품이 있는지 알지도 못한 상태였다. 단순히 돈만 많이 모으면 되는 줄 알았던 것이다.

상담하러 오는 사람들 대부분이 단지 돈을 모으는 것만이 재테크라고 생각한다. 그러한 사람들은 돈을 모으는 방법과 목적이 불분명한 경우가 많다. 물론 돈이란 다다익선이라고 하지만 돈을 모으는 이유가 좀더 분명하다면 목표를 이루려는 열정이 식지 않아 저축의 패턴을 지속할 수 있다. 이러한 열정은 목표까지 무난하게 안전한 길을 안내해 준다.

인생을 살다 보면 공통적으로 치러야 하는 이벤트들이 있다. 이 이벤트들은 인생 과정 중에 있는 작은 목표들 중 하나로 보면 된다. 집을 마련하고 확장해서 이사하고, 아이들을 교육시키고, 노후를 준비하는 것 등은 당신의 목표이자 생활이기도 하다. 살아가는 동안 어떤 이벤트들이 있는지 미리 인지하고, 각각의 작은 목표를 이루기 위해 노력해야 한다. 또 목표를 이루려면 어떻게 하는 것이 효과적인지 생각해 보아야 한다. 특히 연령대별로 준비해야 하는 것에 관해서는 신중히 생각해야 한다.

지금까지 인생의 주기별 이벤트가 얼마나 중요하고 또 얼마나 많은 금액을 필요로 하는지를 알아보았다. 이렇게 많은 금액을 언제 준비하나 걱정할 필요는 없다. 막연하게 걱정하지 말고, 실제로 산출한 필요 금액을 '어떻게 효과적으로 준비' 할 것인지 생각해 보기로 하자.

모든 재테크 전문가들이 공통적으로 이야기하는 것은 빨리 준비할수록 좋다는 것이다. 왜 빨리 준비하는 것이 좋은지, 조기 준비의 장점을 몇 가지 예로 들어 보자.

10년 · 20년 · 30년 준비의 차이

결혼한 35세 남자를 기준으로 다음의 표를 작성해 보았다. 은퇴 후 생활비를 현재 금액으로 산정하여 월 200만 원으로 책정해 보았다. 은퇴 후를 25년이라고 가정하면 1년 생활비는 약 2,400만 원이고, 25년간 필요한 노후 자금은 약 6억 원이다.

또 35세 남자가 직장에서 일할 수 있는 기간을 20년으로 가정하고 연월간 준비 금액을 알아보면, 노후 자금 6억 원을 20년 동안 준비하는 데는 월 250만 원이 필요하다.

같은 방법으로 10년을 준비 기간으로 설정한다면 1년에 6,000만 원, 즉 한 달에 500만 원씩 저축해야 한다. 그러나 30년 동안 준비한다면 1년에 2,000만 원, 한 달에 167만 원을 저축하면 된다.

월 생활비 200만 원 가정, 노후 자금 6억 원을 모을 때

시간	10년간 준비	20년간 준비	30년간 준비
월 저축액	월 500만 원	월 250만 원	월 167만 원

이미 살펴보았듯이, 월간 필요 금액이 가장 적은 것은 30년 동안 준비하는 경우다. 일찍부터, 즉 직장생활을 시작하자마자 노후 자금을 준비한다면 가장 적은 금액으로 준비가 가능하다는 것이다. 노후 자금을 20대나 30대 초반에 준비해야 하는 이유는 단순히 계산상으로만 보아도 알 수 있다. 빠른 준비가 미래를 좀더 안전하게 지켜준다는 것을 꼭 기억하라.

30세에 준비하는 것과 40세에 준비하는 것의 차이

다음의 표는 단순히 10년 일찍 노후 자금을 준비하는 경우 51세에 얼마를 모을 수 있는지 보여 준다. 표에서 보여 주는 대로 30세에 매월 100만 원을 적립한 사람은 51세에 원금 2억5천2백만 원에 이자를 포함하여 2억6천4백6십만 원을 모을 수 있다. 반면 41세에 월100만 원을 적립하기 시작한 사람은 51세에 원금 1억3천2백만 원에 이자를 포함해 1억3천8백2십8만 원을 적립하게 된다.

(단위: 만 원, 이자율: 연 복리 4%)

나이	적립 금액	이자 포함	나이	적립 금액	이자포함	나이	적립 금액	이자 포함
30	100		41	13,200	13,828	41	1,200	1,260
31	1,200	1,260	42	14,400	15,091	42	2,400	2,463
32	2,400	2,463	43	15,600	16,355	43	3,600	3,723
33	3,600	3,723	44	16,800	17,618	44	4,800	4,986
34	4,800	4,986	45	18,000	18,881	45	6,000	6,249
35	6,000	6,249	46	19,200	20,144	46	7,200	7,512
36	7,200	7,512	47	20,400	21,407	47	8,400	8,776
37	8,400	8,776	48	21,600	22,670	48	9,600	10,039
38	9,600	10,039	49	22,800	23,934	49	10,800	11,302
39	10,800	11,302	50	24,000	25,197	50	12,000	12,565
40	12,000	12,565	51	25,200	26,460	51	13,200	13,828

표가 보여 주는 것은 일찍 시작하면 같은 나이에 더 많은 자금을 모을 수 있다는 단순한 진리다. 그러나 많은 신혼부부들이 이것을 보면서 노후 자금 준비를 일찍 시작하겠다고 다짐하는 계기가 되었으면 한다.

10년 동안 모으고 10년 동안 투자하라

인생 초기에 모은 돈의 위력은 생각보다 훨씬 크다. 특히 단순 저축이 아닌 투자 상품으로 비교하면 수익률에 따라 더 심한 편차를 나타낸다. 현재 표기할 수 있는 수익률 범위 내에서 표기한 것이지만, 5.625% 이상의 수익률을 가정한다면 더 큰 금액 차이를 볼 수 있다.

10년간 매월 100만 원을 적립하고, 이후 10년간은 불입한 목돈 1억2천만 원으로 단지 저금하거나 투자한 경우를 아래 표와 같이 비교해 보자.

(단위: 만 원)

나이	적립금 (원금)	이자 (4% 복리)	수익률 (5.625%)	나이	적립금 (원금)	이자 (4% 복리)	수익률 (5.625%)
30	100			41	12,000	12,946	13,350
31	1,200	1,248	1,268	42	12,000	13,464	14,101
32	2,400	2,450	2,471	43	12,000	14,002	14,895
33	3,600	3,698	3,739	44	12,000	14,562	15,732
34	4,800	4,948	5,010	45	12,000	15,145	16,617
35	6,000	6,198	6,282	46	12,000	15,751	17,552
36	7,200	7,448	7,553	47	12,000	16,381	18,539
37	8,400	8,698	8,825	48	12,000	17,036	19,582
38	9,600	9,948	10,096	49	12,000	17,717	20,684
39	10,800	11,198	11,368	50	12,000	18,426	21,847
40	12,000	12,448	12,639	51	12,000	19,163	23,076

10년간 매월 100만 원을 적립하고 그 후 투자된 상태에서 10년을 기다린 결과, 매월 100만 원씩 20년간 지속적으로 저축했을 때의 원금 합계 금액인 2억4천만 원과 거의 비슷한 금액이 되었다. 이렇게 초기 10

년 동안 모은 금액은 20년간 모은 원금과 같은 금액이 될 수 있다. 바로 이런 점이 자금을 조기에 준비한 대가이며, 이러한 효과 때문에 모든 재테크 전문가들이 저축이나 투자의 시작을 빨리하라고 하는 것이다.

이제 막 결혼생활을 시작하는 신혼부부들은 꿈꾸던 행복한 삶을 실현하기 위해서는 준비해야 할 것들이 생각보다 많다는 것을 알았을 것이다. 현재의 풍요로움 속에서 행복한 삶을 누리는 것도 중요하지만, 미래의 풍요로운 삶 역시 인생에서 매우 중요하다.

2장에서는 신혼부부가 앞으로 겪게 될 인생 전반을 돌아볼 것이다. 젊다고 해서 언제까지나 2, 30대에 머무는 것은 아니다. 지금까지 살아온 기간보다 앞으로 살아갈 날들이 더 많다는 사실을 늘 기억하기 바란다. 앞으로 살아갈 날들은 결혼 전과 다르다. 부모의 도움이 없이 부부만의 힘으로 가정과 아이들을 책임져야 한다. 각자의 인생관과 부부가 함께 만든 공통적 인생관을 충분히 조절하여 부부의 삶을 준비하는 것이 중요하다. 또 어차피 준비할 거라면 빨리 시작하여 좀더 효율적인 노후 준비가 되기를 바란다.

3장

밑 빠진 독의 구멍을 막아라

1. 월급 관리가 재테크의 성패를 결정한다

　월급 생활자가 월급을 관리하는 것은 재테크의 가장 기본이다. 월급의 많고 적음보다는 저축이나 투자에 대한 자신의 의지가 중요하다. 특히 신혼부부처럼 재테크를 막 시작하는 사람들은 자신들이 세운 목표를 이루기 위해 월급 관리에 최선을 다해야 한다. 월급 관리를 단시간 내에 효과적으로 할 수는 없지만, 월급을 받고 이에 관한 지출을 기록하다 보면 자신의 월급 관리에 대한 문제점을 파악할 수 있게 된다. 그렇게 해서 문제점이 파악되면 해결 방안을 세울 수 있고, 그 해결 방안을 기초로 다음 달의 예산안을 세울 수 있게 된다.

　효과적인 월급 관리를 위해서는 목표가 분명해야 한다. 커다란 목표가 부담스러우면 작은 목표를 지속적으로 세워 실천하면서, 작은 목표를 이룰 때마다 성취감을 맛보는 것도 월급 관리에 많은 도움이 된다. 따라서 실천이 용이한 작은 목표부터 세우고 실천하기를 바란다.

수입과 지출을 철저하게 파악하라

월급 생활을 하는 사람은 월급 관리를 통해 수입과 지출을 정확히 파악해야 한다. 일반 사업자도 자신이 한 달에 얼마를 벌고 얼마를 지출하는지 정확히 알고 있어야 한다. 이렇게 한 달 수입과 지출을 정확히 파악하는 것은 재테크의 기본이며 시작이다. 누구나 행복하게 살기를 원한다. 월급 관리나 수입 · 지출 관리를 철저하게 하는 것은 행복으로 가는 첫걸음이다.

재정 상담을 원하는 사람들 중에는 자신의 소득이 얼마인지도 모르는 사람들이 제법 있다. 대부분이 맞벌이 부부거나 부부가 같이 상점을 운영하며 관리하는 경우다. 가계 소득이 얼마인지를 모르니 지출이 얼마나 되는지 모르는 것은 당연하다. 이렇게 소득과 지출을 정확히 파악하지 못하는 사람들의 지출에는 허점이 많다. 즉, 이들의 소비 패턴은 불안정하고 충동적인 소비가 많다. 충동적인 소비가 많다는 것은 원치 않는 구매가 자주 발생한다는 것으로, 소비가 계획적이지 못해 월급 관리의 효율성을 최악으로 만든다. 즉, 저축이나 투자를 위한 자금 재원을 창출하기 어렵고, 잘못된 소비 패턴의 악순환으로 가계 재정은 점점 더 악화된다.

반면 월급 관리를 제대로 하는 사람들은 수입과 지출을 정확히 파악하고 있으며, 지출 패턴 역시 계획적이다. 지출이 계획적이면 지출되는 금액을 최소화하거나 최적화할 수 있으므로, 소비지출 금액의 최소화를 통해 저축이나 투자 자금으로 자금의 비중을 높여가는 행동 패턴을 보인다. 이렇게 월급 관리를 제대로 하는 가정은 새로운 형태의 투자 창구를 추천받기 원한다. 또 현재 가계 재정이 좋은 것은 물론 향후 가계 재정 역시 밝아 여러 가지 새로운 투자나 저축에도 관심이 많다. 이렇듯 월급 관리는 현재의 소득만을 관리하는 것이 아니라 미래의 투자 방안과 삶의 설계까지도 잘할 수 있도록 도와주는 아주 중요한 것이다.

최근 신문을 보면 기업에서도 '재정설계 특강' 바람이 불고 있다. 재정설계 특강은 기업 구성원의 재정 교육뿐 아니라, 월급 통장의 중요성을 깨닫게 하여 구성원의 애사심을 일깨워 주려는 것이 가장 큰 목적이다. 많은 샐러리맨들이 유일한 수입원인 월급의 소중함을 잊고 산다. 월급 생활자들 중에 자신의 월급이 많다고 생각하는 사람은 거의 없다. 그러나 적은 월급에도 감사하고 만족하는 사람들이 있다는 사실을 잊지 마라. 감사하며 사는 사람들은 같은 인생을 살아도 행복감을 더 많이 느끼면서 산다. 당신도 월급에 감사하는 마음을 갖고 더욱 행복한 삶을 살기 바란다.

더 효과적인 재테크 방안을 찾아내기 위해 월급과 월급 관리에 대한 생각을 정리해 보자.

월급에 대한 태도 변화가 우선

월급은 현재 자신의 최대 수입원이다. 월급으로 자신과 가족의 생활이 가능하다는 사실을 다시 한번 기억하라. 월급은 매달 일정한 날짜에 지급되며 대부분의 경제적인 문제를 해결해 주는 자금의 원천이다. 이렇게 중요한 수입원인데도 불만을 계속해서 이야기할 것인가, 아니면 월급을 고마워하며 잘 관리하여 더 행복해지겠는가?

다시 말해, 모든 월급 생활자는 월급으로 자신의 삶을 영위하고 만들어간다. 아파트 관리비를 포함해서 먹고 입고 자는 데 들어가는 모든 비용은 월급이 해결해 준다. 그런데도 많은 사람들이 자신의 월급에 만족하지 않는다. 물론 개인적으로는 일하는 대가로 받는 월급이 적다고 생각할 수도 있지만, 여기서는 월급의 많고 적음을 논하는 것이 아니라 월급에 대한 감사하는 마음을 이야기하는 것이다. 월급에 감사할 줄 알아야 월급을 소중히 다루고 아껴 쓰게 된다.

월급으로 종자돈을 모아 보자

월급 관리는 매우 중요하다. 수입과 지출을 관리함으로써 자신의 생활 패턴에 관한 많은 정보를 얻을 수 있을 뿐 아니라, 소비 금액 중 일부를 효과적으로 줄여 자금을 모을 수도 있다. 또 월급에서 저축 가능한 금액이 얼마인지 파악하여 처음부터 급여의 일부를 따로 모아 종자돈을 마련할 수도 있다.

저축하는 것은 매우 중요한 생활 습관으로 어린 나이에 시작할수록 좋다. 매월 50만 원씩 저축한다 해도, 3년 후면 원금만 1,800만 원이나 되는 종자돈을 모을 수 있다. 이렇게 마련된 종자돈은 각자가 생각하는 방식으로 재테크를 가능하게 해준다. 종자돈의 마련이 늦어지면 늦어질수록 재테크도 점차적으로 늦어진다는 사실을 기억하라.

기록하는 습관을 들이자

누구나 자신이 원하는 월급 관리 방식이 있을 것이다. 그중 가장 좋은 방법은 지출을 관리하는 것이다. 한순간에 월급 관리나 지출 관리를 잘할 수는 없지만, 지출을 꼼꼼히 기록하다 보면 가장 효과적인 지출 방법을 찾을 수 있다. 지출을 기록하다 보면 스스로 어떤 지출을 줄여야 하는지 또 어떤 지출이 문제가 되는지를 파악하게 된다. 지출 관리의 가장 좋은 방법은 가계부를 적는 것이다. 가계부를 적다 보면 가장 효율적인 지출 방법을 스스로 찾을 수 있을 뿐 아니라, 익숙해진 후에는 다음 달의 지출에 관한 예산까지 세울 수 있게 된다. 이러한 능력이 미래의 재정설계를 이해하고 실행하는 데 커다란 힘이 된다.

목표를 세우자

단순하게 월급 중 일부를 저축하다 보면 저축에 대한 흥미를 잃을 수도 있고, 상황에 따라 저축을 중단하는 경우가 발생할 수도 있다. 그러나 자신이 세운 목표와 저축을 연관시키면 쉽게 저축을 중단하지 않고, 자신이 세워둔 목표의 중요성을 인식함과 동시에 저축의 지속이 얼마나 중요한지 다시 한번 느끼게 된다. 커다란 목표보다는 작은 목표를 세워 스스로 성취감을 느끼도록 하라. 이렇게 정해진 작은 목표들이 저축이나 투자를 중단하려는 마음을 없애 줄 것이다.

우선순위를 정하자

매월 다가오는 월급날마다 카드 값을 결제하고 나면 다시 마이너스로 돌아가는 생활을 중단하자. 많은 월급 생활자들이 카드의 노예가 되어 있다. 카드는 사용하기 편리하지만 지출을 통제하기 어렵다는 단점이 있다. 지출할 능력이 있기 때문에 물건을 구입하는 것과 정말 필요해서 구입하는 것과는 큰 차이가 있다. 매월 월급날에는 다음 달 지출에 관해 예산을 수립해 보자. 예산을 수립하는 과정에서 우선순위를 정하고 정해진 순서에 따라 지출한다면, 여태까지 생활했던 것과는 지출 규모가 많이 달라진다는 것을 느끼게 될 것이다.

월급 관리는 부부가 함께하라

신혼부부 A와 B는 맞벌이를 한다. 이들은 결혼과 동시에 소득이 두 배로 늘어 생활이 훨씬 윤택해질 거라고 믿었다. 그러나 소득에 비해 저축 금액이 증가하거나 생활의 질이 향상되지 않았다며 어떻게 월급을 관리해야 하는지 물어왔다. 이들의 문제는 소득이 두 배가 되었으니 소비를 늘려도 문제 될 것이 없다는 생각에 있었다.

신혼부부의 월급 관리라고 해서 특별한 방법이 있는 것은 아니다. 이 책의 곳곳에서 말한 내용이지만 저축 또는 투자 가능 금액을 늘리는 것이 가장 중요하다. 만약 부부 중 한 사람의 월급으로 생활하고 다른 한 사람의 월급은 저축한다면, 논리적으로는 두 사람의 급여 중 50%를 저축하게 되는 것이다. 그러나 남편의 급여가 400만 원이고 아내의 급여가 200만 원인 경우, 남편의 급여로 생활하고 부인의 급여로 저축한다면 저축 금액은 부부 소득의 33%밖에 안 되는 것이다. 반면 부인의 급여로 생활하고 남편의 급여를 저축한다면 저축 금액은 66%가 된다. 이는 부부가 맞벌이라고 해서 급여가 두 배로 증가하지 않는 것과 마찬가지다. 다만 두 사람이 받는 급여가 예전 한 사람의 급여에 비해 증가된 것은 사실이다.

결혼 전에는 대부분 부모님과 함께 생활했으므로 생활비로 나가는 비용이 거의 없었다. 그런데 결혼 후에는 새로운 비용, 즉 생활비가 발생한다. 새로 발생한 비용을 최소화하는 것이 월급 관리를 잘하는 방법이다. 두 사람이 가계부를 기록하면서 쓸데없는 지출을 최소화하고 투자 가능 금액을 최대화하는 것이 중요하다. 특히 두 사람의 월급 중 적은 것으로 생활하고 많은 월급은 저축이나 투자가 가능하도록 가계 지출을 조정하는 것이 최상의 월급 관리다.

혹자는 월급을 한 사람이, 특히 부인이 관리하는 것이 좋다고 하지만, 나는 부부가 함께 관리하는 것이 좋다고 생각한다. 부부가 합의해서 공동 목표를 세웠으니 성취를 위해서도 함께하는 것이 현명하다고 생각한다.

예를 들어, 부부의 월급 총액이 500만 원이라고 하자. 서로 합의하여 최소 생활비를 정하고 이를 넘지 않도록 서로 노력한다면 한 사람만 노력하거나 애태울 필요가 없다. 그리고 이러한 상의를 통해 부부가 더 많은 대화를 나누게 되고 상대방을 더 잘 이해하게 된다. 특히 목표가 주택 마련 자금이나 노후 자금, 교육비 등 좀더 구체적이면서 공통적인 경우라면, 각 목적 자금의 통장에 이름을 명시하고 불입된 금액이 증가

하는 것을 두 사람이 함께 보는 것이 좋다. 그러면서 서로 격려하고 원하는 목표를 이루기 위해 더욱 분발할 수 있기 때문이다.

아무런 의미 없이 한 사람의 월급은 저축하고 다른 한 사람의 월급으로 생활한다는 것은 그리 좋은 방법이 아니다. 그보다는 부부가 공동으로 합의하여 목표를 정하고 하나씩 이룸으로써 성취감을 극대화는 편이 훨씬 낫다. 그러나 보면 부부의 사랑도 키워 나갈 수 있으니 말이다.

이런 방법을 사용하면 부부는 좀더 효과적으로 목표한 금액을 저축할 수 있다. 또 목표 금액을 위해 저축 및 투자 가능 금액을 늘리려고 비효율적인 지출은 최소화할 것이다. 이때 공동의 노력 속에서 부가적으로 얻게 되는 서로 간의 이해와 사랑은 보너스로 받아들이면 된다.

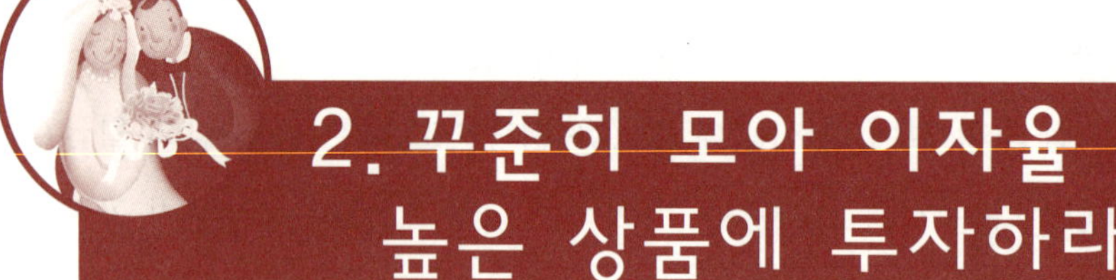

2. 꾸준히 모아 이자율 높은 상품에 투자하라

한정된 월급을 매월 받으며 살아가는 월급 생활자가 한순간에 큰 돈을 만지기란 어려운 일이다. 대부분의 사람들은 나중에 월급을 많이 받으면 그때 저축하거나 재테크를 시작하겠다고 말한다. 그러나 월급이 적어서 저축하지 못하는 사람은 월급이 많아진다 해도 저축하지 못한다. 월급이 많아지면 당연히 씀씀이도 커지기 때문이다.

저축은 습관이다

습관이 몸에 배기 전에는 예외를 만들지 말아야 한다. 월급을 100만 원 받는 사람이 100만 원을 저축할 수는 없다. 그러나 100만 원 안에는 분명히 저축 가능한 금액이 있다. 만약 저축이 가능하지 않은 상태라면 소비를 점검하여 저축 가능 금액을 만들어 저축을 시작해야 한다.

적은 돈이라도 꾸준히 모아야 하는 이유는 간단하다. 매월 30만 원씩 모은다고 가정할 때 1년이면 360만 원이고, 3년이면 원금만 1,080만 원이 된다. 이 1,080만 원은 앞서 설명한 예비비를 충당하고도 남는 금액이다. 예비비를 충당하고 남은 금액 중 일부는 종자돈이 될 것이다. 이때 가장 경계해야 할 것은 1,000만 원이라는 거금이 생겼다고 본인이 원하는 물건을 구매하는 것이다. 이러한 소비 행동을 반복하면 종자돈을 만들 수 없고, 종자돈이 만들어지지 않으면 재테크는 시작조차 할 수 없다.

10% 룰을 지켜라

재정 전문가들이 자주하는 이야기 중에 '10% 룰(Rule)'이라는 것이 있다. 이는 자기 월급의 10%는 꼭 저축해야 한다는 뜻이며, 이 10%를 저축하고 투자할 수 있다면 나름대로 노후 대책이 마련된다는 것이다. 이제 막 재테크를 시작하는 사람들에게 꼭 필요한 최소한의 규칙이다.

당신은 월급의 10%를 아주 쉽게 사용할 수 있을 것이다. 만약 연봉이 2,400만 원이라면 월급은 200만 원이고 그중 10%는 20만 원이다. 이 20만 원을 어디에 사용해 왔는지 한번 생각해 보라. 아마 대부분의 사람들이 이 금액을 아주 쉽게 써왔을 것이다.

아무런 생각 없이 20만 원을 써왔다면 다음의 설명하는 표를 보고 반성할 필요가 있다. 그 표는 월급의 10%를 모으고 적당한 금융 상품에 지속적으로 투자한다면 적지 않은 돈을 모을 수 있다는 즐거운 소식을 알려 준다. 다음 표를 통해 모을 수 있는 자금을 계산해 보자. 계산의 편리성을 위해 몇 가지 조건을 가정했다.

1. 연 수입은 5년 마다 1,200만 원이 오른다고 가정함
2. 투자 수익률은 연 10% 복리로 계산

(단위: 만 원)

연령대	연 수입	10%	27년간 투자 원금	27년간 투자 수익(10%)
31~35	2,400	240	1,200	11,920
36~40	3,600	360	1,800	10,420
41~45	4,800	480	2,400	7,717
46~50	6,000	600	3,000	4,852
51~55	7,200	720	3,600	2,251
56~58	8,400	840	2,520	344
합계			14,520	37,504
총 합계				52,024

이 표를 보면, 투자 원금 1억4천5백2십만 원과 투자 수익금 3억7천5백4만 원을 합하여, 총 5억2천2십4만 원이라는 거액을 모을 수 있다는 것을 알 수 있다. 단순히 소득 중 10%를 꾸준히 투자한 결과, 언론에서 말하는 노후에 필요한 자금 10억 중 52%를 모았다.

적은 돈이라도 꾸준히 모아야 한다는 것을 기억하라. 그리고 이제 막

재테크를 시작한 사람은 미래를 위해 자금을 준비하는 과정이라고 생각하라. 1,000만 원이 모일 때마다 소비에 지출하고 나면 자신이 원하는 미래에 다가갈 수 없다.

자신이 원하는 목표가 분명할 때 소비라는 유혹을 통제하기가 쉬워진다. 자신이 왜 저축하는지, 저축한 돈으로 무엇을 할 것인지 작은 목표들을 늘 머릿속에 기억해 두자.

1% 이자율에 민감해져라

금액이 크지 않더라도 꾸준히 모아서 일정 금액에 다다르게 되면 다음 단계를 생각해야 한다. 다음 단계는 모은 목돈으로 가장 이자율이 높은 금융 상품에 가입하는 것이다. 대부분 이런 초기 자금의 경우는 예비비를 모은 것이므로 언제 급하게 사용하게 될지 모른다. 따라서 유동성이 확보된 금융 상품에 가입하는 것이 좋다. 금융 상품을 찾아보는 과정을 통해 금융 상품에 관한 지식을 습득할 수 있고, 이자율이 높은 상품을 찾아 가입함으로써 더 높은 수익을 내게 되어 일석이조의 효과를 볼 수 있다.

추천하는 금융 상품으로는 종금사의 CMA와 은행의 MMDA 그리고 증권사의 MMF 상품이 있다. 이 상품들은 적은 금액이더라도 시중 은행에 비해 이자율이 높고, 언제든지 자금을 회수할 수 있다. 또 1년 정도 금융 기관에 묶여 있어도 상관없는 자금이라면 이 세 가지 상품보다는 상호저축은행에 정기예금을 가입하는 것이 이자율 면에서는 더 좋다. 상호저축은행의 정기예금 상품의 금리는 보통 시중 은행의 정기예금 금리보다 1~1.5% 정도 높다.

단기 금융 상품 중 수시 입출금이 가능해 편리하고 이자율이 높은 상품을 몇 가지 소개한다.

MMDA(은행)

- 수시 입출식 예금, 예금자 보호 상품
- 500만 원 이상, 7일 이상 예금 시 이자 발생(보통 1개월 단위)
- 금리: 통장 잔액이 많을수록 금리가 높아짐

CMA(종금사, 어음관리계좌)

- 1일 이자 계산, 예금자 보호 상품
- 최초 400만 원 이상, 수시 예탁 및 인출, 거래 기간 180일(재 예탁 후 운용)
- 실적 배당 상품(원금 손실 없음)
- 개설은 종금사 방문 이후 사이버 계좌에서 CMA 계좌로 연계 계좌 개설 가능

MMF(증권사, 예금자 보호 안 됨)

- 최저 가입 제한 없음(금융권마다 조금 다름), 은행 및 증권사에서 거래 가능

• 금리: 1일만 위탁해도 이자 수령(연 3% 수준)

• 입출금 자유(1일도 고금리, 환매 수수료 없음), 단기채권 · CP · CD

　등 단기 금융에 투자하는 상품

• 실적 배당 상품

• Clean MMF: 30일 경과 후 이자 지급

3. 월급의 50%로 종자돈을 만들어라

종자돈을 모은다는 것은 예비비를 이미 준비한 사람이 다음 단계의 재테크를 진행하기 위해 저축하는 행위를 말한다. 이미 예비비를 모았다면 이제는 종자돈 모으는 방법을 이야기하겠다.

들어온 돈은 꽉 잡아라

많은 신혼부부들이 '어떻게 하면 내 집 장만을 빨리 할 수 있는지'를 문의하곤 한다. 내가 그들에게 가장 많이 하는 대답은 '들어온 돈이 나가지 않도록 쓰지 말고 저축하라'는 것이다. 물론 불가능한 이야기다.

어린 시절 교과서에서 읽었던 이야기를 기억해 보라. A라는 사람이 한 부자에게 찾아가 부자가 되는 방법을 알려 달라고 하자, 부자는 A를 데리고 산에 올라가 낭떠러지 옆에 있는 나뭇가지에 매달리라고 한다. A는 부자 되는 방법이 알고 싶어 부자가 시키는 대로 나뭇가지에 매달린다. 부자는 A에게 부자가 되려면 그 나뭇가지에서 한 손을 놓으라고 한다. A는 시키는 대로 한다. 한 손으로 나뭇가지에 매달린 A는 어떻게 하면 부자가 되는지 또 묻는다. 그러자 부자는 이제 남은 한 손마저 놓으라고 한다. A가 나머지 한 손을 놓으면 자신은 낭떠러지로 떨어져 죽는다고 하자, 부자는 그때서야 '한 손을 놓으면 죽는다는 심정으로 들어온 돈을 꽉 붙잡고 있으면 부자가 된다'고 말한다.

수입의 50%는 무조건 떼어둬라

자신에게 들어온 돈 전부를 저축할 수는 없지만, 일단 저축을 먼저하고 남은 돈으로 생활한다면 생활하고 남은 돈을 저축하는 것보다는 훨씬 많은 돈을 모을 수 있다. 재테크 및 금융 상품 정보로 유명한 M사이트의 한 관계자는 수입의 50%를 저축하지 않으면 미래의 가계에 문제가 생긴다고 말한다.

상담을 의뢰하는 2, 30대 사람들 중에는, 150~180만 원 정도의 급여에서 기초 생활비로 50만 원 정도만 남기고 모두 재테크에 투자하고 싶은데 방법을 알려 달라는 사람들이 꽤 많다. 이런 것으로 봐서는 월급의 50%를 저축하는 것이 생각처럼 어려운 일은 아닌 것 같다. 많은 사람들이 이렇게 준비하고 있다는 사실을 알았으니, 이제 당신도 이와 비숫한 수준에서 준비하는 것이 좋을 것 같다.

　자신감을 심어 주기 위해 전에 상담했던 어떤 예비 신혼부부의 이야기를 들려주고자 한다. 예비 신부는 사회생활을 시작한 지 7년 반 정도 되었는데, 소유하고 있는 유동성 자산이 7,650만 원 정도였다. 그러면 예비 신부의 저축 액수는 연간 1,000만 원 정도라는 계산이 나온다. 그 예비 신부의 소득은 세후를 기준으로 월 155만 원이었다. 지난 7년 동안 급여가 상승했다는 점을 감안하지 않더라도 소득의 55% 정도를 지속적으로 저축하거나 투자해 온 것이다. 이 예비 신부가 직장생활을 처음 시작했을 때는 소득이 적었을 것이므로, 그 당시에는 계산한 55%보다 더 많은 비율의 금액을 저축하거나 투자했을 것이다.

　예비 신랑의 재정 상태를 검토해 보니, 급여가 월 250만 원인데 저축이나 투자로 지출하는 자금이 월 140만 원으로 56% 정도였다. 이 예비 신혼부부는 칭찬받을 만한 재정 관리를 하고 있었다. 그들의 미래는 충분히 예견할 수 있다. 아이들의 교육 자금을 걱정하지 않을 것이며, 자신들이 원하는 좋은 집에서 안락한 생활을 하고, 행복한 노후를 보내게 될 거라는 확신이 들었다. 이러한 이야기가 당신의 이야기가 될 수 있다는 자신감을 가지고, 이제 당신도 이 예비 부부처럼 재테크를 시작해 보라.

　취업인사포털 인쿠르트와 연봉전문 사이트 오픈샐러리가 공동으로 업종별 매출 10대 기업의 '2006년 대졸 초임 연봉'을 조사한 결과, 110개사(11개 업종) 중 설문에 응답한 74개사의 대졸 초임 연봉이 평균 3,023만 원으로 조사됐다고 한다. 자료에 나타난 가장 적은 연봉은

2,670만 원이었다. 이를 기초로 평균 월급이 200만 원이라 하고 그중 50%인 100만 원을 저축한다고 하면, 3년간 모은 원금만도 3,600만 원이 된다. 이 정도 규모면 충분히 종자돈의 역할을 할 수 있다.

낚시하러 갈 때 밑밥이나 미끼를 준비하듯 재테크를 위한 기초는 종자돈을 준비하는 것이다. 최단 시간에 가장 많은 금액을 준비하는 것이 좋겠지만, 개인의 상황에 따라 기간과 금액이 달라지는 것은 어쩔 수 없다. 그러나 가장 빠른 시간 안에 가능한 최대 금액을 준비하여 재테크를 시작해야 한다. 그러기 위해서는 다음과 같은 정보를 머릿속에 각인해야 한다.

월급의 50%, 이렇게 저축하라

- 이제 막 재테크를 시작하는 사람이라면 짧고 굵게 종자돈을 만들어라. 저축을 인생의 동반자로 여기고, 반드시 저축부터 하고 남은 돈으로 생활하라.
- 최상의 금리를 찾아 수익률이 높은 상품에 투자하여 종자돈 불리는 재미를 키워가라. 우선 비과세, 제2금융권 상품 순으로 차근차근 가입하라.
- 마이너스 통장은 예비비를 위한 최후의 보루임을 명심하라. 소비를 위해 사용해서는 결코 안 된다.
- 어느 정도 종자돈이 모이기 시작하면 단기 · 중기 · 장기 계획을 수립하라. 목표에 맞는 자금 계획 수립으로 포트폴리오를 구성하라.

급여의 50%를 저축하는 방법이 따로 있는 것이 아니다. 먼저 급여의 50%를 저축하고, 나머지 50%로 생활하는 것만이 급여의 50%를 모을 수 있는 유일한 방법이라는 사실을 기억해야 한다.

4. 기록하는 만큼 쌓이는 게 돈

돈을 모으는 중요한 방법 중 하나가 돈의 흐름을 아는 것이다. 금융 상품의 흐름을 아는 것도 중요하지만, 자신의 재정 상태를 파악하는 것보다 중요한 것은 없다. 자신의 재정 상태를 파악하기 위한 가장 좋은 방법은 현금흐름표를 작성하는 것인데, 가장 친숙한 방법은 가계부를 기록하는 것이다.

재정 컨설팅을 의뢰하는 많은 사람들 중에 자신의 지출 상태를 정확히 파악하는 사람은 많지 않다. 그래서 상담 후에는 가계부나 현금흐름표 작성에 대한 중요성을 깨닫고 그것을 작성하는 것에 동의한다. 또 직접 작성해 본 후에는 지출 기록의 중요성을 절감하게 된다. 지출 기록으로 자신의 지출 패턴을 이해할 수 있고, 자신의 문제점도 파악할 수 있기 때문이다.

상담 의뢰인들이 공통적으로 이야기하는 것은, 한두 달 가계부를 쓰다 보면 스스로 현금의 흐름 상태를 파악하게 되고, 쓸데없이 낭비하는 지출의 사용처를 알게 된다는 것이다. 이것이 재테크의 출발이며 기본이다. 또 지속적으로 가계부를 작성해 온 사람들은 모두 소득의 일정 부분으로 재테크를 하고 있으며, 자신의 재테크 방법에 자신감을 갖고 있다는 것을 알 수 있다.

가계부는 재미있게 써라

가계부를 작성하는 일은 생각보다 쉽지 않다. 시작은 굳은 결심으로 하지만 며칠 지나고 나면 대부분 포기하게 된다. 지루하고 재미없기 때문이다. 부부가 함께 작성하면 좀더 흥미를 갖게 되므로 함께 작성하는 습관을 들이도록 하라. 자신들만의 이벤트를 만들면 흥미가 배가될 것이다. 매일 작성하는 것이 어렵다면 현금영수증과 카드 사용 명세표를 이용하여 매월 정해진 날짜에 작성하는 것도 한 방법이다. 그러나 이 방법을 사용하려면 본인의 굳은 결심이 필요하다. 영수증 받는 것을 생활화하고, 받은 영수증은 꼭 한곳에 모아두는 습관을 들여야 하기 때문이다.

또 다른 방법은 전자 가계부를 사용하는 것이다. 이 가계부를 사용하면 자신이 보유한 통장 및 신용카드, 전화요금 등의 자동이체 상황을 한꺼번에 관리할 수 있는 장점이 있다. 기록하는 것이 어려워 포기하는 사람들은 이런 프로그램을 이용하여 흥미를 잃지 말고 효과적으로 작성토록 하라.

가계부는 효과적으로 작성하라

무조건 기록하라

가계부를 작성하는 데 가장 중요한 것은 돈을 어디에 썼는지 무조건 기록하는 것이다. 귀찮고 힘들더라도 빼먹지 말고 모든 지출을 기록하는 습관을 들여라.

부부가 함께 작성하라

부부가 함께 동참하지 않고 혼자서 작성하면 중간에 포기하기 쉽다. 가계부를 함께 작성하는 것은 부부에게 즐거움이 될 수도 있다. 또 부인과 남편이 서로의 지출을 파악하고 있다면 허튼 소비를 줄일 수도 있을 것이다.

가계부는 눈에 띄는 장소에 두어라

자주 눈에 띄어야 지출을 꼼꼼하게 기록할 수 있어 기록에서 누락되는 것을 방지할 수 있다. 또 가계부가 항상 눈에 띈다면 헛된 소비를 하지 않으려고 마음을 다잡는 효과도 볼 수 있다.

수기 가계부가 어렵다면 인터넷 가계부를 써라

수기 가계부는 자신의 손때가 묻어 정감이 가는 장점이 있지만, 매월 결산이라는 어려움에 직면하게 된다. 결산하는 작업에 익숙하지 않은 사람들은 인터넷 가계부를 작성하는 것이 좋다. 요즘에는 인터넷 가계부도 다양하다. 무료프로그램도 있고, 1년에 2~3만 원 정도의 사용료를 내고 쓰는 고급형 인터넷 가계부도 있다. 컴퓨터에 익숙한 부부라면 직접 엑셀로 만들어 쓰는 것도 좋은 방법이다. 참고로 인터넷 가계부 사이트를 몇 개 소개한다.

- 홈노트(homenote.com): 무료
- 여자와닷컴(yeozawa.com): 무료
- 이모든(emoden.com): 유료
- 가계부(gagebu.co.kr): 무료
- 이지데이(ezday.co.kr): 무료, 유료

다이어리 기능을 첨부하라

가계부는 지출에 관한 일련 사항을 기록하는 곳이다. 그러나 돈의 흐름만을 기록하다 보면 흥미를 잃어버리기 쉽다. 지출에 관한 내용 외에도 다이어리 기능을 추가하면 좀더 친숙하게 가계부를 접할 수 있다. 간단한 약속이나 있었던 일, 요리법, 가정의 주요 행사 일자를 기록하여 좀더 친숙한 가계부를 만들어 보라.

예산안을 꼭 작성하라

가계부를 기록하는 가장 중요한 목적은 현재의 재정 상황을 인식하고, 작성된 자료를 기반으로 예산을 편성하는 것이다. 예산안을 작성하면 충동구매 등의 낭비를 미연에 방지할 수 있으므로 효율적으로 지출할 수 있다.

이제 막 결혼한 당신, 환상에서 깨어나라

새색시인 이 대리는 새 가정을 꾸렸다는 생각에 하루하루가 마냥 행복하기만 했다. 새 물건을 사들이는 일이며 남편과 같이 시장 보는 일, 주말의 영화감상, 피크닉 등이 어렸을 때 소꿉놀이를 하는 것 같아 그저 즐겁기만 했다.

그러나 6개월이 지나자 결혼은 환상이 아니라 한 가정을 책임져야 하는 현실이라는 사실을 서서히 깨닫기 시작했다. 매달 내야 하는 전기료, 도시가스비, 주차요금, 아파트 관리비, 우유값, 자동차 유지비 등이 월급의 반을 훌쩍 넘는다.

물론 남편의 수입도 있지만 각자 쓰는 고정 비용이 있는 터라 부모님과 생활할 때보다 배 이상 돈에 쪼들린다는 느낌이 들었다. 한 가정을 꾸려가기에는 왠지 자신들의 수입이 터무니없이 적다는 생각이 들었다. 그렇다고 고정 지출을 줄일 수도 없다. 남편은 가계부를 작성해 지출내역을 정리해 보자고 제안했으나 이 대리는 그럴 자신도 없어 한숨만 나올 뿐이다. 자신의 부모님은 어떻게 계획을 세워 자식을 교육시키고 결혼까지 시켰는지 존경스러울 따름이다.

돈을 모아 부자가 되는 방법 중 가장 효과적인 것은 손에 들어온 돈을 다시 내보내지 않는 것이다. 탈무드에서 이야기한 것처럼 이것은 동서고금을 막론하고 만고불변의 진리다. 힘들여 일해서 소득을 창출하고도 아무런 의미 없이 지속적으로 지출한다면 부자들과의 거리는 영원히 좁힐 수 없다.

자신이 받는 급여를 감사한 마음으로 겸허하게 받아들이는 것이 최상이며, 효율적인 지출로 매월 손에 들어온 자신의 월급이 쉽게 빠져 나가지 못하도록 해야 한다. 그러기 위한 최선의 방법은 가계부나 금전출납부를 기록하는 것이다. 반복적인 기록을 통해 낭비하고 있거나 비효율적으로 지출하는 부분을 쉽게 찾을 수 있으며, 그렇게 발견한 부분을 수정 보완한다면 효율적인 지출이 가능해진다.

재테크의 시작은 이렇게 하나씩 실천해 나가는 것이다. 많은 사람들이 이러한 작은 실천 없이 재테크의 성공을 원하는데, 노력 없이는 아무것도 얻을 수 없다는 간단한 진리를 되새겨 볼 필요가 있다.

5. 세금은 다시 꼭 돌려받아라(연말정산)

지구상의 어느 누구도 세금을 많이 내고 싶어하지 않을 것이다. 그렇다고 세금을 내지 않기 위해 자신을 찾아낼 수 없는 곳에서 혼자 살 수도 없다. 그렇다면 이왕 내야 하는 세금을 최소화하여 가계에 도움이 되는 방법을 찾아보자.

월급쟁이의 재테크는 연말정산에서 시작된다

나도 직장생활 초기에는 소득공제나 세금에 무관심했다. 몇 년간을 무관심 속에서 항시 기본 공제만 받았는데, 어느 날 아내와 내가 공제받은 세금이 이중 공제되었기 때문에 세금을 더 내야 한다는 말을 듣고 그때부터 관심을 갖게 되었다. 그렇게 관심을 갖게 되면 정보를 구하게 되고, 획득한 정보를 이용하여 세금을 줄일 수 있게 된다. 당신도 이번 장에서 이야기하는 내용을 잘 이해하여 올해 연말정산에는 좀더 관심을 갖고 소득세를 신고해 보라.

우선 근로소득세의 연말정산 과정을 살펴보자.

1. 총 급여액에서 비과세 소득과 근로소득공제액을 차감하여 근로소득금액을 계산한다.
2. 근로소득금액에서 종합소득공제액을 차감하여 소득과세표준을 결정한 후,
3. 종합소득과세표준에 기본 세율(9~36%)을 적용하여 종합소득산출세액을 산출한다.
4. 종합소득산출세액에서 근로소득세액공제액을 차감하여 연간 부담세액을 결정한다.
5. 결정세액에서 기납부 원천징수세액을 차감하여 납부(환급)할 세액을 결정한다.

연말정산의 최대 관심 사항은 종합소득공제를 어떻게 적용할 것인가 하는 것이다. 종합소득공제에는 인적 공제, 연금보험료 공제, 특별 공제, 기타 공제가 있으며, 종합소득세가 최소가 되도록 각종 공제를 적용해야 한다. 세금을 줄이는 방법은 결국 소득을 줄여 세금을 적게 납부하는 것으로, 다음 장의 실질 소득을 늘이는 방법과 연계해서 생각해야 한다.

과세표준별 세율은 다음과 같이 근로소득에 따라 세율이 달라진다.

1,000만 원까지: 8%(8.8%) (주민세 10% 포함)

1,000만~4,000만 원 이하: 17%(18.7%)

4,000만~8,000만 원 이하: 26%(28.6%)

8,000만 원 초과: 35%(38.5%)

과세표준소득금액이 4,500만 원인 경우의 근로소득세를 계산해 보자. 총 소득금액에서 종합소득공제액을 차감하여 과세표준소득금액을 산출하는 것이므로 이 사람의 실제 소득은 4,500만 원보다는 훨씬 많을 것이다.

근로소득세

= (1,000만 원×8.8%)+(3,000만 원×18.7%)+(500만 원×28.6%)

소득 금액	과세표준세율	과세금액
1,000만 원	8.8%	880,000
3,000만 원	18.7%	5,610,000
500만 원	28.6%	1,430,000

총 과세소득금액	과세표준세율	총 과세금액
4,500만 원	각 구간별로 차이 있음	7,920,000

표에서 보는 것처럼 연간 과세표준소득이 4,500만 원인 경우에 세금

으로 납부해야 하는 총 금액은 792만 원이나 된다. 과세표준금액 4,500만 원의 평균 세율을 산출해 보면 무려 전체 소득금액의 17.6%나 된다. 전체 소득에서 17.6%는 작은 비율이 아니다. 이러한 높은 세금을 줄이는 방법 중 하나가 소득공제다. 소득을 가능한 한 최소화하여 세금을 낮추기 위해서는 당연히 소득공제를 받아야 한다.

예제의 금액에서 다른 것들은 전부 공제한 상태이고, 단지 연금과 장기주택마련저축만을 공제하지 않았다고 가정한 후 다음을 계산해 보자. 만약 당신이 소득공제 연금 상품과 장기주택마련저축을 동시에 가입하고 있는 경우라면, 각각의 상품에서 연간 300만 원씩 공제가 가능하므로 600만 원의 소득공제를 받을 수 있다. 이 경우에 해당하는 세액을 도표로 확인해 보자.

(소득금액은 4,500만 원에서 600만 원이 줄어든 3,900만 원이 될 것이다.)

과세표준소득금액	과세표준세율	과세금액
1,000만 원	8.8%	880,000
2,900만 원	18.7%	5,423,000

소득공제금액	과세표준세율	과세제외금액
100만 원	18.7%	187,000
500만 원	28.6%	1,430,000
600만 원		1,617,000

실제로 줄어들게 되는 과세표준소득액은 과세표준세율 28.6%의 500만 원과 과세표준세율 18.7%의 100만 원을 합하여 총 600만 원이다. 이

에 따라 143만 원과 18만7천 원을 합한 161만7천 원의 세금을 줄이는 효과를 볼 수 있다.

소득공제를 통해 세금을 줄이는 것은 소득을 늘리는 것과 같다는 점을 다시 한번 마음속에 새기면서, 소득이 공제되는 항목에 관해 알아보자.

소득공제 항목, 제대로 알자

의료비 공제

의료비 공제는 두 가지로 나눈다. 첫째는 본인 등의 의료비 공제이고, 둘째는 일반 의료비, 즉 본인 등의 의료비를 제외한 의료비다. 여기서 본인 등의 의료비란 근로자 본인과 장애인 그리고 65세 이상 경로 우대자를 말한다.

본인 의료비는 전액 공제이고, 일반 의료비는 '일반 의료비 지출액 − 총 급여 × 3%' 다. 본인 의료비가 전액 공제라 해도 의료비 공제를 받기 위한 조건이 있는데, 총 급여의 3% 이상에 해당하는 금액을 의료비로 지출해야 한다는 것이다. 의료비 공제의 한도액은 500만 원이다. 아무리 많은 금액을 의료비로 지출했다 하더라도 500만 원을 초과해서 공제하지는 않는다. 의료비 공제는 급여의 3% 이상이어야 하므로, 부부 중 급여가 적은 사람이 공제받는 것이 더 유리하다는 것을 기억하라.

기부금 공제

국가나 지방자치단체, 법이 정한 특정 사회복지시설 등에 기부한 금품과 이재민 구호 금품은 금액과 관계없이 전액 공제가 가능하다. 또 사회복지법인, 초·중·고등학교, 사립대학교를 제외한 대학교 등 학술 단체에 지출한 기부금도 역시 근로소득에서 공제받는다.

1. 소득세법상 법정기부금
• 국가, 지방자치단체, 지방자치단체조합에 무상으로 기증하는 금품의 가액
• 국방헌금과 위문금품
• 천재지변으로 생긴 이재민을 위한 구호금품의 가액
• 지정된 사회복지시설에 기부하는 구호금품의 가액
• 사립학교 등에 시설비, 교육비 또는 연구비, 장학금으로 지출하는 기부

2. 조세특례제한법상의 기부금
• 문화예술진흥기금
• 국제대회 기부금
• 특정 단체에 대한 기부금, 정치자금

3. 지정기부금
• 종교 단체 등에 기증하는 기부금

기부금 중 각 기부금에 대한 기부금 공제 금액의 계산은 다음 같다.

1. 법정기부금: 전액공제
2. 특례기부금: (근로소득금액 − 법정기부금) × 50%
3. 지정기부금: (근로소득금액 − 법정기부금 + 특례기부금공제액) × 10%

특정한 단체를 후원하거나 종교 활동을 하는 부부라면 자신이 낸 기부금의 증빙 서류를 만들어 둘 필요가 있다.

부양가족 공제

부모가 공제 대상이 되기 위해서는 근로소득자와 생계를 같이하고 부친은 60세 이상, 모친은 55세 이상이어야 한다. 부득이한 사정으로 부모와 함께 살지는 못하지만 실제로 부양하고 있다면, 맏아들의 경우는 호적등본을 제출하고, 다른 자녀의 경우는 실제 부양 사실을 증명하면 된다. 예를 들어, 부모 명의의 통장에 매월 생활비를 송금했다면 송금 영수증으로 증명이 가능하다. 공제 금액은 공제 대상 1인당 100만 원이다.

보장성 보험 공제

보장성 보험은 연간 100만 원까지 소득공제를 받으며, 여기에는 자동차보험과 생명보험, 상해보험 그리고 농협이나 새마을금고의 공제 상품도 포함된다. 당해 년도의 보험료 납입증명서를 첨부해야만 소득공제가 가능하다.

카드 사용 공제

일반적으로 맞벌이 부부의 경우 소득이 많은 쪽에서 소득공제를 신청한다. 소득이 많으면 납부한 세금도 많고, 소득공제의 한도가 크기 때문이다. 그러나 카드와 같이 소득공제 한도가 있고 급여의 몇 퍼센트를 초과하는 경우에는 이야기가 다르다. 다음의 예를 보면 이해할 수 있을 것이다. 카드 사용에 대한 소득공제는 최대 500만 원 한도에서 연봉의 15%를 초과하는 금액의 15%를 공제받을 수 있다. 신용카드 공제는 다음의 공식을 적용한다.

신용카드 사용 공제 공식: (신용카드사용액 — 연봉의 15%) × 15%

- 신용카드 사용액이 1,000만 원이고, 연봉이 3,000만 원이면,

  3,000만 원 × 15% = 450만 원
- (카드사용액 1,000만 원 — 연봉의 15%인 450만 원) × 15%

  = 82.5천 원

즉, 82만5천 원을 소득공제 받을 수 있다.

예1 연봉 2,000만 원의 근로자가 400만 원의 카드 사용 실적이 있는
  경우

- 2,000만 원의 15%는 300만 원
- 카드사용 금액이 400만 원이므로 300만 원을 초과하는 금액은

100만 원

따라서 소득공제 금액은 100만 원의 15%인 15만 원이다.

예2 연봉 4,000만 원의 근로자가 400만 원의 카드 사용 실적이 있는
경우

- 4,000만 원의 15%는 600만 원

- 카드사용 금액이 400만 원이므로 600만 원을 초과하는 금액은
0원이다.

따라서 이 경우는 공제 받을 금액이 없다.

위의 예에서 알 수 있듯이 카드 사용에 관한 소득공제는 연봉이 많은
사람에게 훨씬 불리하다. 그러므로 부부 중 한 사람, 특히 소득이 적은
사람의 카드를 가족 카드로 만들어 공동으로 사용하면 소득공제를 받
을 수 있는 금액이 더 커진다. 단, 소득공제의 한도가 500만 원이므로
이를 초과할 정도로 카드를 많이 사용한 경우와 급여 자체가 많아 일부
라도 소득공제를 받는 것이 유리한 경우도 있으므로 각 경우에 따라 최
선의 방법을 찾아야 한다.

6. 소득공제 금융 상품으로 수입을 늘려라

소득이 늘어나는 경우는 진급 등의 이유로 급여가 오를 때, 세금을 덜 납부하여 가용할 현금이 증가할 때, 소득공제를 통해 소득 금액이 실질적으로 증가할 때로 구분할 수 있다. 앞 장에서 언급한 내용이 주로 본인이 사용한 금액을 증명하여 세금을 덜 내는 방법이라면, 이번 장에서는 저축 및 금융 상품과 관련하여 과세 가능 소득을 줄이는 방법에 대해 알아보겠다. 저축 중에는 소득을 일정 부분 감액해 주는 소득공제 상품이 있으므로 잘 활용해야 한다.

소득공제 금융 상품으로 수입 증가 효과를 누려라

연금보험이나 연금저축 상품을 하나 가입했는데, 이 상품이 소득공제 상품이라면 다음의 표와 같은 소득공제 효과를 볼 수 있다. 일단 납입한 원금 중 300만 원 한도 내에서 소득공제를 받을 수 있다. 300만 원을 12개월로 나누면 월 납입액은 25만 원이므로, 월 25만 원씩 연간 300만 원을 납입한다는 가정 하에 다음 표를 참조하기 바란다.

과세표준급여	소득세율 (주민세 포함)	세금 절감 효과 (공제 금액 × 세율)
1,000만 원 이하	8.8%	300만 원 × 8.8% = 264,000원
1,000만~4,000만 원 이하	18.7%	300만 원 × 18.7% = 561,000원
4,000만~8,000만 원 이하	28.6%	300만 원 × 28.6% = 858,000원
8,000만 원 초과	38.5%	300만 원 × 38.5% = 1,155,000원

이제 막 결혼한 사람들의 경우 나이가 30대 초반이라고 보면 연봉이 1,000만~4,000만 원 사이일 것이므로, 소득공제 연금 상품에 가입하여 월 납입액이 25만 원인 사람은 매년 561,000원의 세금을 절감하게 된다.

같은 방법으로 장기주택마련저축에 가입한 경우에도 세금 절감 효과를 볼 수 있다. 장기주택마련저축은 최대 300만 원 한도에서 연간 불입액 중 40%의 금액이 소득공제 되므로 연금 상품과 동일한 금액의 세금을 절약할 수 있다. 소득공제를 위해 장기주택마련저축에 가입한 경우라면 월 최대 불입액은 625,000원이 되어야 한다.

소득공제 가능 금액 계산

월 납입 금액	연간 납입 총액	연간 총 납입액 × 40%
625,000 원	7,500,000 원	750만 원 × 40% = 300만 원

만약 위에서 말한 연금 상품과 장기주택마련저축 두 가지를 동시에 가입하고 있는 경우라면, 연금 상품에서 300만 원을 소득공제 받고 또 장기주택마련저축에서 300만 원을 소득공제 받으므로, 과세표준소득이 1,000만~4,000만 원 사이의 급여 생활자인 경우 112만2천 원의 세금을 절감하게 되어 순 소득을 동일한 금액 정도 증가시킨 결과를 가져온다.

신용카드와 현금영수증도 한몫 한다

신용카드로 물품을 구매한 경우와 현금을 사용하고 현금영수증을 받은 경우는 소득공제를 받게 된다. 다음의 공식에 따라 공제를 받는다.

공제 가능 금액 = 〔연간 카드 사용 금액 - (급여 총액 × 15%)〕× 20%

계산상으로 공제 가능 금액이 500만 원을 넘은 경우는 500만 원을 한도로 한다.

카드 사용 금액 중 공제에서 제외되는 항목은 다음과 같다.

- 보험료
- 세금
- 전기료, 상수도료, 전화요금
- 교육비
- 자동차 구입비

현명한 당신, 소득공제 저축 상품을 챙겨라

연금저축

연금저축은 소득공제 혜택을 받는 적격연금 상품으로 연간 불입액의 100%를 300만 원 이내에서 소득공제 받을 수 있으며, 향후 연금 수령 시점에는 5.5%의 과세를 받는 상품이다. 분기에 300만 원 이상 불입할 수 없기 때문에 연 1,200만 원 이상 불입은 안 된다. 간혹 직장인들이 연말에 300만 원을 불입하여 소득공제를 받으려는 것은 이러한 이유 때문이다.

또 연금 이외의 목적으로 활용할 때는 세금을 부과하여 해약이나 만기 후 일시금 수령 시 이자뿐 아니라 원금에 대해 합산한 원리금에 22%의 세금을 부과한다. 중도 해지 시에는 기타 소득세 22%를 과세하고, 거기에 중도 해지 가산세 2.2%를 추가로 과세하므로 고세율이라는 점을 간과해서는 안 된다.

연금저축의 또 다른 문제는 연금 수령 기간과 연금 개시 시점이다. 5년 단위로 확정 기간 동안만 연금을 수령할 수 있고 종신형 연금은 없다. 연금의 가입 이유가 종신토록 안정된 자금을 지원받으려는 것인데, 그러한 의도와는 다소 차이가 있다. 연금 개시 일자가 무조건 55세로 규정되어 있다는 점 역시 문제다. 60세 또는 65세 이후부터는 수령이 불가능하기 때문이다.

장기주택마련저축과 주택청약저축

장기주택마련저축은 내 집 장만을 위한 최고의 상품 중 하나다. 정기 예금이나 적금보다 금리가 높고, 7년 이상 가입하면 이자 소득은 비과세가 된다. 직장인의 경우 연간 불입액의 40%(연간 최고 300만 원)까지 소득공제를 받을 수 있다. 2007년도에는 이자 소득의 비과세 혜택이 폐지된다고 하니 이왕 가입할 거면 서두르는 것이 좋다.

주택청약저축은 다른 청약 상품과 달리 소득공제가 가능하다. 월 2만 원 이상 10만 원 이내에서 적립이 가능한 상품으로 2년간 200만 원을 채우면 청약 신청 시 1순위가 된다. 가입 조건은 무주택 세대주이므로 미혼은 가입이 어렵다.

주택청약부금은 민영주택 또는 민간건설 중형국민주택을 분양받기 원하는 사람에게 분양 우선순위를 부여하기 위해 주택건설촉진법 및 주택 공급에 관한 규칙 등에 의거 판매하는 목적부 적금이다.

청약예금·청약부금·청약저축 세 가지 상품은 전 금융기관에 1인1계좌만 가입이 가능하다는 것을 기억해 두라.

알콩달콩 내 집 마련은
적극적이고 현명하게

4장

1. 전세 자금 대출, 알짜배기 정보를 챙겨라

신혼부부가 새로운 가정을 꾸릴 때 처음부터 가뿐하게 아파트를 구입하여 시작하는 경우는 많지 않다. 대부분의 신혼부부들이 전셋집부터 시작한다. 우선 전세 자금에 관한 정보부터 시작해 집을 장만할 때 필요한 정보까지 차근차근 알아보자.

예비 신혼부부가 전셋집을 구할 때는 주거 기능에 초점을 맞추어 준비하는 것이 좋다. 주거 기능 속에는 직장과의 거리 같은 여러 가지 요소가 포함된다. 그것은 개인별 사정을 감안해야 한다. 신혼부부의 경우 아직 결혼 초기라 육아와 관련하여 친정이나 시댁과의 거리를 고려할 필요는 없다. 그러나 만약 지금 살고 있는 곳에서 아이를 길러야 한다면 육아를 도와줄 친정이나 시댁과의 거리도 고려 대상이 됨을 명심하라.

거주 지역을 정했으면 거주할 집을 정해야 한다. 거주할 집을 정하고 나면 현재 준비된 전세 자금이 충분한지 판단하고, 일정 부분 대출이 필요한 경우라면 다음의 정보를 참고하여 필요 금액을 마련하라.

최적의 전세 자금 대출 상품을 찾아라

모든 신혼부부가 전세 자금 대출을 필요로 하는 것은 아니지만, 결혼 시점에 있는 많은 신혼부부들이 어느 정도는 전세 자금 대출을 원한다. 전세 자금 대출은 국민주택기금에서 취급하는 '근로자·서민전세자금대출' 과 '영세민전세자금대출' 이 있고, 일반 금융권에서 제공하는 전세 자금 대출이 있다. 이 세 가지 전세 자금 대출에 대해 차례로 알아본 후, 자신에게 가장 적합한 대출이 어떤 것인지 판단해 보자.

국민주택기금의 전세 자금 대출

'근로자·서민전세자금대출' 의 경우 우선 자신이 요건에 부합하는 지를 확인해야 한다. 연간 소득 3,000만 원 이하인 무주택 세대주가 요건이고, 전세금의 70% 이내에서 연 4.5% 금리로 대출이 가능하다. 주의할 점은 연간 소득 산정 시 상여금과 수당이 제외된다는 것이다. '영세민전세자금대출' 은 금리가 연 2.0%이지만, 집주인의 확약서를 근거로 대출받는 경우에는 연 3.0% 금리를 적용한다. 금리는 비교적 낮지만 해당 지방자치단체장의 추천과 영세민 판정을 받아야 한다는 어려움이 있다.

이 두 가지 상품은 일반 금융권에서 제공하는 전세 자금 대출 상품보다 금리가 낮지만 대출 조건이 상당히 까다로워 신용도가 낮은 사람은 혜택을 보기가 어렵다.

정부는 국민주택기금 대출 과정에서 일어나는 각종 불편이나 민원을 줄이기 위해 2005년 11월부터 '국민주택기금 콜센터'(02-504-0026~7)를 설치해 매주 월요일부터 금요일(오전 9시~오후 6시)까지 운영하고 있으므로 정보가 필요한 신혼부부는 참조하기 바란다.

이 상품의 장점은 두말할 것 없이 금리가 시중 은행의 전세 자금 대출보다 싸다는 것이다. 그러므로 가능하면 국민주택기금의 전세 자금 대출을 우선순위로 이용하는 것이 좋다.

금융권의 전세 자금 대출

연봉이 3,000만 원을 넘을 경우, 시중 은행에서 전세 자금을 빌리는 방안을 고려해 볼 수 있다. 앞서 말한 것처럼 대출 이자율은 국민주택기금보다 높다. 대출을 받으려면 다음과 같은 서류가 필요하다. 대출한도는 개인의 연간 소득 수준에 따라 결정되며, 대부분의 금융기관이 전세금의 70%까지 대출해 준다.

대출에 필요한 서류

- 임대차계약서
- 소득증빙서류
- 임차보증금의 10% 이상 납부 영수증 또는 무통장 입금증
- 임차주택 등기부등본

• 주민등록등본

전세 자금 대출 시 고려 사항

전세 자금 대출을 선택할 경우 금리를 최우선으로 고려해야 한다. 금리 다음으로 고려해야 할 것이 상환 기간과 대출 가능 금액이다. 아무리 금리가 낮아도 필요한 만큼 대출할 수 없다면 그것은 무용지물이다. 대출을 상환하는 기간 역시 중요하다. 대출할 경우 상환 계획을 수립해야 하는데, 이는 월급에서 가용 가능한 상환 금액과 기간이 적절해야 한다. 일단 자신에게 맞는 상품이 어떤 것이 있는지 알아보라. 각 상품에 대한 상환 계획은 은행마다 조금씩 차이가 있으므로 자신의 수입과 지출의 규모를 고려하여 계획해야 한다.

2. 주택 구입, 뭐 좀 알고 하자

어린 시절을 생각해 보면 새 집으로 이사한다는 것은 정말 신나는 일이었다. 특히 부부가 스스로 장만한 첫 집으로 이사하는 경우라면 정말 자랑스럽고 첫아이를 가졌을 때만큼이나 기쁠 것이다. 이렇게 기쁘고 소중한 가정의 대사를 무리 없이 처리하기 위해서는 어떤 점에 주의해야 하는지 알아보자.

주택 구입, 어떻게 해야 할까

신혼부부가 집을 장만할 때 잊지 말아야 할 것이 있다. 크게는 향후 거주 기간과 자산으로서의 보존 가치, 재산 증식의 가치를 고려해야 하고, 작게는 교통망, 출퇴근 거리 및 시간, 생활 편의 시설, 교육 시설 등을 고려해야 한다. 이런 것들을 하찮게 생각할 수도 있지만, 교통이 좋고 편의 시설 등이 잘 갖춰져 있는 지역의 집은 향후 가격이 오를 가능성이 높으므로 경제적으로 이익이다. 이사할 때도 빠른 시간 안에 매매가 성립되므로 시간적인 면에서도 유익하다.

거주 목적에 맞는 주택을 구입하라

집을 준비하는 과정 속에 중요한 것이 하나 있는데 바로 집에 대한 마인드다. 당신은 부모님이 주택 특히 아파트를 사고 팔면서 재테크해 오던 것을 많이 보았을 것이다. 그래서 아파트를 잘 구입하는 것만으로도 재테크를 충분히 잘할 수 있다고 생각하지만, 불행히도 우리가 사는 이 시대는 부모님 시대와는 다르다. 당신은 주택에 대한 새로운 마음 자세와 개념을 만들어야 한다.

주택은 거주 목적에 부합하는 지역의 것을 구입하는 것이 가장 바람직하다. 집값이 천정부지로 상승하면 좋겠지만, 우리나라의 경제 상황이나 부동산 시장을 볼 때 그런 일은 좀처럼 일어나지 않을 것이다.

내가 대학에 다닐 때 우리 가족은 아파트에 살았다. 분양가가 상당히 높았으나 어머니가 원하던 지역과 경관이었으므로 아파트에 대한 만족도는 매우 높았다. 나와 동생들은 아파트에 사는 동안 대학을 졸업했고, 결혼하면서 그 집을 떠나게 되었다.

자식이 모두 결혼하여 집을 떠나자 더는 그 지역에 살 필요가 없다고 판단하신 부모님은 신도시 지역의 아파트로 이사하기로 결정했다. 그때 우리가 살던 아파트의 가격은 무척이나 상승해 있었다. 내가 어머니께 아파트 가격이 많이 올라 기쁘시겠다고 말씀드리자, 어머니는 아파트 가격이 오르면 이 아파트의 가격만 오르겠느냐면서 이사하려는 곳의 아파트 가격 역시 예전에 비해 많이 올랐을 것이니 좋아할 필요가 없다고 하셨다. 오히려 아파트 가격이 조금만 올랐다면 현재 거주하는 아파트를 팔 때 양도세를 조금만 낼 수 있어서 좋고, 또 새로 이사 갈 아파트의 가격도 많이 오르지 않았을 것이므로 취득세를 조금만 낼 수 있어 더 좋지 않겠느냐고 반문하셨다.

그때 나는 어머니를 통해 아주 평범한 진리를 배웠다. 내가 사는 아파트의 가격이 오르면 내가 이사 가려는 아파트의 가격도 올랐을 거라는 아주 단순한 진리 말이다. 내가 사는 아파트의 가격만 오르고 그 외의 아파트 가격이 동결되어 있지는 않을 것이다. 그러므로 주택의 가격이 올랐다고 마냥 기뻐할 필요는 없다. 당신은 그저 목적에 맞는 주택에 거주하는 것에 더 큰 초점을 두면 된다.

최소 3~5곳에서 시세를 확인하라

거주 지역을 결정했으면 해당하는 주택이나 아파트의 정확한 시세를 파악해야 한다. 시세는 가장 최근에 거래된 가격을 기준으로 형성되는 것이 보통이지만, 시세 파악이 용이하지 못한 경우에는 해당 지역의 유사한 주택이나 아파트를 여러 곳 조사해 정확한 시세를 파악해야 한다. 유능한 부동산 전문가들도 시세를 파악하기 위해 최소 세 곳 이상의 부동산 소개소를 방문한다. 발품을 팔면 파는 만큼 이익이 된다.

그밖에 인터넷을 통해 확인하는 방법이 있다. 다만 인터넷은 참고자

료로 활용할 뿐 전적으로 의존해서는 안 된다. 다음은 참고할 만한 부동산 사이트다.

- 부동산 114   http://www.r114.co.kr
- 부동산 뱅크   http://www.neonet.co.kr
- 부동산 서브   http://www.serve.co.kr
- 국민은행 부동산 정보   http://est.kbstar.com
- 네이버 부동산   http://land.naver.com
- 야후 부동산 http://kr.realestate.yahoo.com

가장 신뢰할 만한 사이트를 소개한 것이나 사이트별로 가격과 매물 등의 차이가 있으므로 한 가지 사이트에 의존하기보다는 여러 사이트를 비교해 보는 것이 좋다.

주택 마련 자금 준비, 어떻게 해야 할까

시세를 파악한 후에는 자금 조달 계획을 수립해야 한다. 조달 가능한 자금 규모나 결재 가능 시기 등을 포함하여 계획을 수립하고, 대출받을 계획이라면 대출상환에 따른 모든 일정을 고려하여 계획을 수립해야 한다. 당신이 세우는 자금 계획은 현재 재정뿐 아니라 미래의 재정설계 에도 영향을 미치는 중요한 사안이라는 점을 꼭 기억하라.

주택을 구입하는 것은 자동차를 구입하는 것과는 다르다. 신중하고 또 신중하게 계획을 세워야 한다. 주택은 가격도 가격이지만 마음에 들지 않는다고 쉽게 팔고 다시 구입할 수 있는 상품이 아니다.

자신에게 맞는 대출 상품을 찾아라

결혼 후 처음으로 집을 장만하는 경우, 일시에 현금으로 구입하는 경우는 흔치 않다. 대부분의 사람들이 은행에서 주택 마련 자금의 일부

주택구입 자금 대출 상품 비교

구분		시중은행 주택구입 자금 대출	근로자·서민을위한 주택구입 자금 대출	모기지론
대출자격		제한 없음	6개월 이상 무주택자로서 연간 소득 3,000만 원 이하	무주택자 또는 1가구 1주택자
대출기간		주로 3년 이하	20년	10~20년
대출한도		집값의 40~60% 이하 (금액 제한 없음)	집값의 70% 이하 (최고 1억 원)	집값의 70% 이하 (최고 2억 원)
대출금리		변동금리: 연 6.5% 이내 고정금리: 연 7~8% 이내	변동금리 (현재 6.0%)	고정금리 (7% 전후 예상)
상환방법		만기 일시 상환이나 균등 분할 상환 중 선택	1년 거치 19년 분할 상환 3년 거치 17년 분할 상환	매월 균등분할상환 (1년 거치기간 검토)
중도상환 수수료		3년 이내 상환 시 1~2%	없음	5년 이내 상환 시 1~2%
금리 변동시	상승 시	변동금리 불리	이자 부담 가중	추가이자 부담 없음
	하락 시	변동금리 유리	이자 부담 감소	이자감면 없음
중도금 대출		가능	가능	가능
소득공제		대부분의 경우 없음	연간 1,000만 원까지 공제	연간 1,000만 원까지 공제 (15년 이상 대출시)

를 대출받아 구입한다. 주택 마련 준비 자금 중 가장 중요하면서도 대부분의 신혼부부들이 궁금해하는 대출에 관해 알아보자.

서민들이 주택 마련을 위해 이용할 수 있는 대출 상품으로는 시중 은행의 주택구입 자금대출과 근로자·서민을 위한 주택구입 자금대출 그리고 모기지론(Mortgage loan)이 있다.

앞 쪽의 비교표를 통해 자신에게 가장 적절한 상품을 찾아보자.

집값의 30%만 준비되면 주택 마련이 가능한 모기지론

대출 관련 정보 중 아직 보편화 되지는 않았지만, 향후 가장 보편적으로 많이 사용될 주택금융공사의 모기지론에 대해 좀더 알아보자.

모기지론은 주택을 담보로 10~20년까지 장기 주택 자금을 대출받을 수 있는 제도로, 집값의 30%만 준비가 가능하면 주택을 마련할 수 있다. 즉, 2억8천5백만 원인 아파트를 구입하려면 8,500만 원(집값의 30%)은 본인이 준비하고, 2억 원(집값의 70%)은 대출이 가능하다는 것이다.

모기지론은 만 20세 이상의 무주택자나 1주택 소유자면 누구나 신청이 가능하며, 원금과 이자는 10년~20년 이하로 장기간 균등 분할하여 상환하면 된다. 최대 대출 금액은 2억 원이고, 집값의 70% 이하로 대출 가능하다. 자신의 급여나 사업 소득, 상환 능력에 따라 구체적인 대출 금액이 결정되고, 매월 대출 상환액은 소득의 1/3을 넘지 않도록 규정되어 있다.

대출 금액을 결정하는 소득 수준은 대출 신청인의 세금공제 전 연간 소득을 12개월로 나누어 평가하게 되며, 근로소득자는 원천징수영수증을 그리고 자영업자는 세무서에서 발급하는 소득금액증명서를 제출하면 된다. 금리는 고정금리를 사용하므로 변동금리의 다른 대출 상품보다 다소 이자가 높을 수 있다. 그러나 15년 이상 상환으로 전용면적 25.7평 이하인 경우에는 1,000만 원까지 이자에 대한 소득공제를 받을 수 있으므로 실질 금리부담은 1% 정도 낮아지는 효과가 있다.

모기지론을 이용하면 내 집 마련 기간을 단축할 수 있지만, 매월 상환해야 하는 금액이 많아져 다른 금융 상품을 통한 재테크가 쉽지 않을 수도 있으므로 무리한 대출은 피하는 것이 좋다. 대부분의 신혼부부가 집을 마련하는 데만 급급하여 대출은 받을 수 있을 만큼 최대한 받지만 갚아나갈 일은 거의 생각지 않는다. 그러나 대출은 분명 남의 돈을 빌리는 것이므로 일정 금액의 이자를 지급해야 한다. 이러한 대출 이자와 집값의 상승분이 다른 금융 상품의 투자에 비해 현저하게 수익을 내주지 못하면, 무리해서 집을 구입하는 것은 다른 데 투자해서 수익을 올릴 수 있는 기회를 상실하는 것이 된다.

내 집 마련이 과연 재테크일까

서른이 넘어 결혼한 박 과장은 늦게 결혼한 만큼 빨리 집을 장만하는 게 목표다. 다행히 청약부금을 들어놓은 상태라 판교나 은평구, 서울 인근의 분양 아파트를 우선적으로 공략할 생각을 하고 있다. 더구나 2008년부터 분양에 대한 정책이 바뀐다고 하니 마음이 더 조급해질 수밖에 없는 입장이다. 박 과장은 고민 끝에 공인중개사 시험을 준비하는 선배에게 집 장만 방법에 대해 조언을 구했다.

"글쎄, 내가 뭘 아나. 그런데 중요한 건 우리 부모 세대와는 다른 방식의 집 장만 대책을 갖고 있어야 한다는 거야. 예전에는 집을 장만하는 것만으로도 노후가 해결되고 재테크가 되었지만, 이제는 그런 시대가 아니라는 거지. 무리한 대출로 집을 장만했다가 집값은 오르지 않고 이자에 대한 부담감은 늘고, 그러다 보니 다른 재테크는 전혀 생각해볼 여력도 없고…. 집 장만에 대한 정확한 계획 없이 집을 구입했다가는 더 큰 손실을 볼 수 있다는 사실을 명심해야 할 거야."

선배의 말을 들은 박 과장은 단순하게 생각했던 집 장만이 산 넘어 산이라는 생각이 들었다.

저축해서 자신의 힘으로 집을 구입한다는 것을 꿈꾸지 않는 사람은 없을 것이다. 그러나 현 시대는 부모님이 살던 시대처럼 집을 소유함으로써 발생하는 부수적인 혜택을 누리지 못한다.

우리나라의 정서상 내 집 장만만큼 인생에서 커다란 이슈는 없을 것이다. 그러나 집을 장만하는 것으로 또 다른 투자 기회를 상실할 수 있다는 점을 기억해야 한다. 부모님 세대와 같이 주거 기능과 투자 기능을 동시에 실현할 수 있는 기회를 보유하기는 다소 어려워 보인다. 전통적인 주택 마련에 관한 생각을 다시 한번 점검해 볼 시기에 봉착한 것이다.

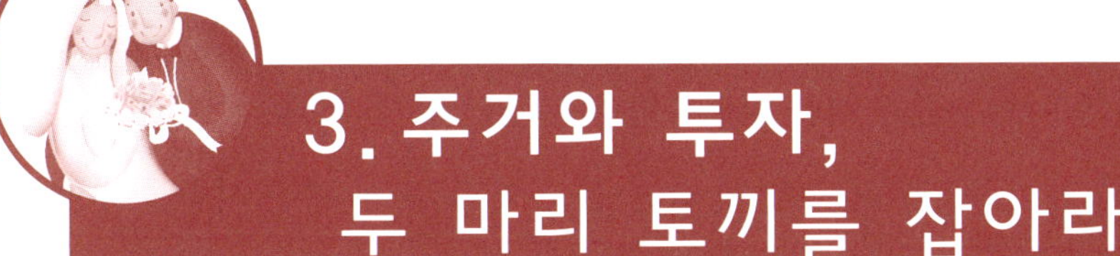

신혼 초에 너무 무리해서 집을 장만하면 모든 수입이 집으로만 집중되어 부부에게 너무 큰 부담이 될 수 있다. 그러나 신혼 초부터 계획을 수립하여 내 집 마련 준비를 철저히 한다면 주택 구입 기간을 상당히 단축할 수 있다.

특히 초기의 주택 마련은 부부가 생각하는 목적과 맞아야 한다. 주거를 목적으로 구입하는 경우, 안전성·편리성·환금성을 기준으로 결정하고, 투자를 목적으로 구입하는 경우에는 수익성과 장래성을 기준으로 판단하면 도움이 될 것이다. 대부분의 사람들이 이 두 가지를 모두 고려하여 주거와 함께 투자도 되는 아파트를 선호한다.

두 마리 토끼, 한꺼번에 잡나 따로 잡나

신혼부부나 집을 처음 장만하는 부부들이 실제적으로 주거와 투자라는 두 마리 토끼를 한꺼번에 잡는 것은 쉽지 않다. 많은 사람들이 알고 있는 것처럼 현재 우리나라에서 투자 가치가 가장 높은 아파트는 재건축 아파트다. 그러나 투자 가치가 높다고 해서 재건축 아파트에서 신혼 생활을 시작하거나, 처음으로 장만하는 집을 재건축 아파트로 하지는 않을 것이다. 주거 기능을 생각하면 기존의 대단위 단지 내 아파트가 최적인데, 이러한 아파트는 기본 가격 자체가 높기 때문에 신혼부부에게는 적합하지 않다.

신혼부부가 주거 기능과 투자 기능을 동시에 만족하는 주택을 마련하기 어려운 또 다른 이유는 아직 큰 평형대의 집을 장만할 만한 여력이 없다는 것이다. 많은 부동산 전문가들이 말하는 주거와 투자가 가능한 아파트는 20평형 아파트가 아니다. 즉, 주거와 투자를 동시에 생각한다면 어느 정도 재테크의 성과를 이루고 난 후 좀더 넓은 집으로 이사하는 시기에나 가능하다는 것이다.

이러한 여러 가지 이유로 주거와 투자를 분리하는 것이 좋다는 전문가 의견도 있다. 전문가들이 말하는 것은, 신혼 초에 마련한 집이 중심이 되어 향후에도 초기 거주 지역 주위에서 지속적으로 생활하려는 본능이 있기 때문에 부동산 투자에 실패하는 경우가 많다는 것이다.

부동산 시장을 관망하라

또 고려해야 할 것은 2006년도부터는 '부동산 실거래가' 신고 제도가 시행되어, 양도소득세와 관련된 주택의 매매 관련 법규를 파악하는 것이 필요하다. 서울의 경우 3년 동안 보유하고 2년간 거주한 후 매매해야 1가구 1주택 양도세 비과세에 해당한다. 이러한 관련 법규도 상식선에서 충분히 인지해야 한다.

부동산은 경기 변동에 따라 가격차가 많이 나는데, 2006년도의 경우 부동산 보유세 및 부동산 버블과 연계하여 부동산 가격이 매우 불안정한 상태이므로, 구매를 서두르는 것보다는 당분간 시장의 흐름을 관망하여 결정하는 것이 바람직하다. 지금은 예전과 달라 부동산 가격이 오른다고 모든 지역의 아파트 값이 동시에 오르지 않는다. 강남 지역 아파트조차도 가격이 동시에 오르지 않고, 일부 단지 또는 특정 아파트 중심으로 가격이 상승한다는 점을 간과해서는 안 된다.

이제 주택은 생활공간일 뿐이다

우리나라에 사는 사람치고 주택 구입에 관심 없는 사람은 없을 것이다. 한국인은 언제부터인가 부동산과 아파트를 또는 주택과 아파트를 동격으로 보기 시작했다. 그리고 1980년대 아파트의 홍수 이후에는 모든 사람들이 아파트에 사는 것으로 착각하고 있다.

그러나 주택에는 단순히 아파트만 있는 것이 아니며, 앞으로도 아파트가 팔방미인인 시절이 지속될지 여부는 생각해 봐야 한다. 지금부터 불과 30년 전인 1970년대에는 아파트가 주택인 사람이 소수에 불과했다. 그런데 30년 동안 많은 것이 변하여 이제는 대부분의 사람들이 아파트가 곧 주택이라는 착각에 빠질 정도가 되었다. 그러나 앞으로 30년간 다시 일반 주택이 아파트를 대신하게 될 수도 있다는 가정을 버리지는 말아야 한다. 많은 사람들이 다시 전원주택이라는 형태의 집을 원하고 있으며, 주상복합 주택에 대해서는 나름대로 불만을 토로하고 있기 때문이다.

여기서 잠깐 주택 구입 방법을 생각해 보자. 일반적으로 대부분의 사람들이 주택 구입비를 준비하는 방법은 저축이며, 주택 구입비 중 일부는 은행에서 융자를 받아 일정 부분의 대출을 포함하고 있다. 집을 구입하기 위해 젊은 시절 대부분을 보내는 것이 우리나라 젊은 사람들의 현실이다. 부모님 세대가 가장 원했던 '내 집 한 채' 라는 모토를 우리

세대도 고스란히 이어가고 있는 것이다.

주택이라는 문제를 너무 가볍게 생각하는 것은 아니지만 주택 구입에는 많은 문제점이 있다. 첫째로 너무 비싸다. 즉, 구입하기까지 너무 많은 준비 기간이 필요하다. 둘째는 비싼 가격에도 불구하고 이윤 창출이 어렵다는 것이다. 최대의 재테크는 부동산이라고 확신하는 많은 부동산 전문가들과 추종자들에게는 미안한 이야기지만 부동산으로 이윤을 창출하기는 무척이나 어렵다.

만약 내가 3억 원짜리 아파트를 구매했고 은행 정기예금 이자가 4%라고 한다면, 내가 구입한 아파트는 매년 6% 이상의 가격 상승이 있어야 이윤을 창출하게 된다. 즉, 매년 6% 가격 상승이 있어야 손해를 보지 않는 투자를 한 셈이다.

투자 기관	투자 금액	이윤 발생	비용 발생
은행	3억 원	4% 은행금리	
아파트	3억 원	없음	약 2% 유지세
발생 금액		1,200만 원	450만 원

표에서 확인할 수 있듯이, 3억 원짜리 아파트는 매년 1,650만 원의 가격 상승이 있어야 원금이 보존된다. 즉, 3억 원에 대한 은행 이자 소득 1,200만 원과 집을 소유한 이유로 발생하는 각종 세금 450만 원을 합하여 1,650만 원이라는 기회비용을 상실하고 있다는 뜻이다. 그래서 아파트 가격이 6% 정도 매년 상승해야만 이 기회비용의 만회가 가능하다는 것이다.

물론 아파트의 가격이 상승할 거라고 믿는 사람들은 보유세와 등록세 등 각종 세금은 가격 상승분에 비하면 미비한 것이라고 말한다. 그러나 이제까지 부모님 세대가 경험한 부동산 시장과 우리가 경험하게 될 부동산 시장은 매우 다르다는 것을 잊지 말았으면 한다. 부자가 되기 위해 생활비를 절약하는 지혜를 보인 것처럼, 주택은 생활하는 주거의 기능을 가진 생활공간일 뿐이라는 점을 인식하기 바란다.

마지막으로 주택은 필요에 의해 구매해야 한다는 사실을 기억하라. 나는 자라면서 4~5회 정도 이사를 했다. 예전 우리 할아버지 세대처럼 한 집에서 태어나 죽는 경우는 드물다. 그러면 몇 년에 한 번 이사를 하는가? 아이들이 초등학교에 입학하기 전 1~2회, 중 · 고등학교 시절 1회, 그리고 대학 진학 시기에 1회 정도인 것 같다. 결국 자녀가 결혼하기 전까지 대략 4회 정도 이사하게 된다는 것이다. 결혼 적령기를 30세로 예상한다면 30년 동안 4~5회를 이사하고, 한 집에 거주하는 기간은 6~7년이라는 계산이 나온다. 그렇다면 6~7년마다 새로운 주택을 구입해야 할 경우, 어떻게 주택을 마련하고 준비해야 하는지에 관한 계획 수립도 가능해진다.

4. 혜택이 많은 장기주택마련저축

금융 상품 중에 장기주택마련저축과 같이 비과세와 소득공제를 동시에 해결해 주는 상품은 많지 않다. 장기주택마련저축은 다른 금융 상품에 비해 장점이 많아 가입 대상이 제한되어 있으니 잘 살펴보아야 한다.

장기주택마련저축에 꼭 가입하라

우선 가입 조건이 만 18세 이상 세대주로 무주택자이거나 전용면적 85㎡(25.7평) 이하 1주택 소유자로 제한되어 있다.

장기주택마련저축에 가입한 사람은 여러 가지 혜택을 받을 수 있다. 첫째, 일반 은행의 적금에 비해 높은 금리를 받을 수 있다. 은행의 일반 정기적금 금리가 연 4.0~4.2% 정도인데 장기주택마련저축의 금리는 이보다 연 0.5% 높은 금리를 제공한다. 둘째, 일반 적금은 이자소득에 대해 15.4%의 이자소득세를 공제하는 반면, 장기주택마련저축은 7년 이상 유지하면 세금을 전혀 내지 않는다. 셋째, 장기주택마련저축의 가장 큰 혜택은 1년간 불입한 금액의 40%(최고 300만 원)를 연말정산 시점에 소득공제 받을 수 있다는 것이다. 즉, 매월 62만5천 원씩 1년 동안 불입할 경우, 불입한 총 금액이 750만 원이 되고 750만 원의 40%인 300만 원을 소득공제 받을 수 있는 것이다.

이처럼 장점이 많은 상품이므로 신혼부부라면 꼭 가입해 두는 것이 좋다. 특히 7년 유지 시 비과세이며 동시에 소득공제가 되므로 적극 가입을 권한다. 금융 상품 중 비과세이면서 소득공제가 되는 상품은 극히 드물다. 특히 집이 없거나 25.7평 이하의 주택을 소유한 경우에는 가입을 적극 고려해 볼 만하다. 월 납입 규모는 62만5천 원으로 하는 것이 좋으며, 이를 7년간 모은다면 총 5,250만 원의 원금을 모을 수 있으므로 처음 집을 장만하거나 좀더 넓은 집으로 이사 갈 경우에도 적지 않게 도움이 될 것이다.

장기주택마련저축의 기간별 혜택

장기주택마련저축의 정확한 이해를 위해서 몇 가지 특성을 이해해야 한다. 이 상품은 가입 후 기간이 경과함에 따라 다른 혜택을 받을 수 있는데, 대부분의 가입자들이 가입만 하면 동일한 혜택을 보는 것으로 알고 있어 이 점에 대해 이야기하고자 한다.

장기주택마련저축은 가입 시점의 약정금리를 일정 기간(대개 3년)만 적용하고, 그 이후의 금리는 나중에 별도로 고시되는 금리를 적용한다. 즉, 가입 3년 후는 변동금리와 동일한 상품이라고 보면 된다. 요즘처럼 금리가 자주 변하는 경제 환경에서 7년이라는 장기 상품을 판매하는 것이므로, 금리변동을 고려해 가입 시점에서 만기까지 적용되는 금리를 한꺼번에 정하지는 않는 것이다. 장기주택마련저축에 가입한 후 기간이 경과함에 따라 어떤 혜택과 불이익이 있는지 알아보자.

가입 3년 미만

가입 후 3년 이전에 상품을 해지하면 연 2~3%의 낮은 이자율을 적용받게 되므로 가입자는 금리상 불이익을 보게 된다.

가입 3년 후

가입 후 3년이 경과한 계좌에 대해서는 중도해지를 하더라도 상품 가입 당시 약정한 이자를 적용한다. 즉, 3년이 경과된 계좌에 대해서는 금리상 불이익은 주지 않겠다는 것이다. 현재 시중 은행의 3년제 일반 적금 상품의 이율이 연 4.5% 수준인데 비해, 장기주택마련저축의 최초 3년간 적용되는 금리는 연 5.5% 수준이므로 일반 적금 상품으로 사용하더라도 실보다는 득이 많은 상품이다.

가입 5년 후

장기주택마련저축에 가입한 사람이 근로소득자이면서 배우자나 부양가족이 있는 세대주(단, 무주택 혹은 국민주택규모 이하 1주택 소유자)라면 회사에서 연말정산 시 소득공제 혜택을 받을 수 있다. 소득공제 혜택은 장기주택마련저축을 계속 유지하는 조건이지만, 가입 후 5년이 경과하고 이 후에 중도해지를 하더라도 이미 받은 소득공제에 대한 세금추징은 하지 않는다. 그러나 5년 이전에 상품을 해지하는 경우에는 그동안 받은 소득공제에 관련한 세액 전부를 추징받아 세금을 납부해야 한다.

7년 만기

장기주택마련저축에 가입 후 만기 7년을 채우게 되면 이자소득에 대한 이자소득세가 비과세 된다. 즉, 이자소득 면이나 소득공제를 통해 받은 모든 혜택을 유지할 수 있다는 것이다. 단지 가입 기간에 관계없이 중도해지 사유가 부득이하다고 인정되는 몇 가지 경우에는 중도해지에 관한 불이익이 없다.

부득이한 중도해지 사유로는 저축자의 사망과 해외 이주, 천재지변, 저축자의 퇴직, 사업장의 폐업, 저축자의 3개월 이상의 입원 치료 또는 요양을 요하는 상해·질병의 발생, 저축취급기관의 영업 정지나 파산 선고 등의 경우가 있다.

5년 이하 유지로 소득공제 혜택을 받지 못하는 경우

5년 이하 중도해지로 추징하는 소득세는 저축 잔액의 4%(가입일로부터 1년 이내 해지시는 8%), 연간 30만 원(1년 이내 해지시는 연간 60만 원)을 한도로 계산한다. 소득공제를 통해 실제로 감면받은 세액이 이보다 적은 경우에는 실제로 감면받은 세액만을 추징한다. 따라서 중도해지에 따른 세금 추징도 실제로 환급받은 세액보다 적거나 같기 때문에 이러한 경우에도 가입자가 손해 보는 것은 없다.

2005년까지는 장기주택마련저축에 가입해서 소득공제를 받으려면 배우자 또는 부양가족이 있어야만 가능했다. 홀로 세대를 구성하고 있는 단독세대주는 소득공제를 받을 수 없었고, 결혼을 하거나 나이든 부모나 형제 등이 세대 구성원으로 편입되어 있어야만 소득공제가 가능했다.

그러나 2006년부터는 단독세대주도 소득공제가 가능하도록 제도가 개편되었다. 따라서 신입사원이나 단독세대주도 장기주택마련저축에 가입해 소득공제를 받을 수 있게 되었다. 이렇게 다양한 혜택을 제공하는 장기주택마련저축은 2009년도 말까지 가입이 가능하다.

5. 주택 청약통장은 기본 중의 기본

　주택에 관련된 청약 통장으로는 청약저축·청약예금·청약부금 세 종류가 있다. 많은 사람들 특히 주택청약이라는 절차에 관심이 없는 많은 젊은 사람들이 이 세 가지를 혼용해 사용하고 있다. 당신은 앞으로 설명할 내용을 잘 이해하여 이 세 가지 정도는 구별해 사용하길 바란다.

　이러한 통장을 사용할 수 있는 새로운 분양 정보는 신문 등의 지면을 통해 입수할 수 있다. 그러나 매일 정보를 확인할 수 없으므로 이미 언급했던 인터넷 사이트를 이용하면 원하는 정보를 찾아 볼 수 있다.

청약저축

　청약저축은 전용면적 25.7평 이하의 규모로 국민주택기금의 지원을 받아 짓는 국민주택을 분양 또는 임대받을 수 있는 통장이다. 국민주택 기금의 지원을 받아 짓는 민영아파트, 주택공사, 도시개발공사가 공급하는 전용면적 25.7평형 이하의 국민주택, 임대주택 등을 분양받을 수 있다.

당해 주택건설 지역에 사는 무주택 가구주로서 1가구 1계좌에 한하며, 20세 미만인 단독가구주는 가입할 수 없다. 저축 금액은 매월 납입하는 방식으로 2만~10만 원을 5천 원 단위로 자유롭게 내면 된다. 가입 후 2년이 경과하고, 월 납입금 연체 없이 24회 이상 납입하면 1순위가 되며, 6개월간 납입하면 2순위가 된다.

가입은 국민은행과 우리은행 그리고 농협에서만 가능하다. 청약저축의 경우 같은 1순위라도 국민주택, 임대주택, 민영주택에 따라 순위 산출 방식에 다소 차이는 있지만 다음의 경우가 일반적이다. 전용면적 85m^2가 25.7평이라는 점을 기억하면서 다음 정보를 검토해 보라.

40m^2를 초과하는 주택의 공급 순차

가. 5년 이상의 기간무주택세대주로서 매월 약정 납입일에 월 납입금을 60회 이상 납입한 자 중 저축 총액이 많은 자

나. 3년 이상의 기간무주택세대주로서 저축 총액이 많은 자

다. 저축 총액이 많은 자

라. 납입횟수가 많은 자

마. 부양가족이 많은 자

바. 당해 주택건설 지역에 장기간 거주한 자

40㎡ 이하인 주택의 공급 순차

가. 5년 이상의 기간무주택세대주로서 납입횟수가 많은 자

나. 3년 이상의 기간무주택세대주로서 납입횟수가 많은 자

다. 납입횟수가 많은 자

라. 부양가족이 많은 자

마. 당해 주택건설 지역에 장기간 거주한 자

일반적으로 청약저축은 매월 10만 원씩 60회 이상 불입하는 것이 좋으며, 1순위 중에서도 우선순위가 되려면 불입 총액이 많아야 한다. 10년간 납입하여 총 불입액이 1,200만 원 정도라면 어느 곳에 청약한다고 해도 당첨이 가능하니 최대 불입액은 이 정도면 될 것이다. 부부 중한 사람만 보유해야 하므로 혹시라도 결혼 전에 두 사람이 모두 가입했다면 세대주가 아닌 사람의 청약저축은 청약예금으로 전환하는 것이 좋다.

청약예금

청약예금은 민간건설업체가 짓는 민영주택을 분양받기 위한 자격을 얻기 위해 가입하는 예금이다. 지역별로 청약 가능한 면적에 따라 일시불로 납부하는 방식이다. 한꺼번에 목돈을 넣어두고 6개월이 지나면 2순위, 2년이 경과하면 1순위의 청약 자격을 취득하게 된다.

가입 대상은 20세가 넘는 사람이면 1인 1계좌가 가능하다. 모든 시중은행에서 취급하며, 2년마다 한 번씩 청약 가능한 평형을 바꿀 수 있다. 부부가 모두 보유한다면 분양 당첨에 유리할 수 있다는 점을 잊지 마라. 또 청약예금은 도시별로 예금액에 따른 청약 가능 평형이 다르다는 것을 반드시 알고 있어야 한다.

예금 한도 금액과 청약 가능 면적

희망 면적	서울 및 부산	기타 광역시	기타 시·군
85㎡ 이하	300만 원	250만 원	200만 원
102㎡ 이하	600만 원	400만 원	300만 원
102~135㎡ 이하	1,000만 원	700만 원	400만 원
135㎡ 이상	1,500만 원	1,000만 원	500만 원

청약부금

청약부금은 전용면적 25.7평 이하 민영주택과 민간건설 중형 국민주택(18~25.7평)을 청약할 목적으로 가입하는 저축이다. 다만 청약예금과 달리 전용면적 25.7평 이하에만 청약할 수 있다. 한꺼번에 목돈을 넣어야 하는 청약예금과 달리 매월 5만 원 이상 50만 원 이내에서 자유롭게 납부할 수 있다. 가입 대상은 20세가 넘은 사람이면 1인 1계좌가 가능하다.

청약부금의 가장 큰 장점으로는 주택 구입 자금과 당첨 후 주택 입주 전까지 주택임차자금 대출이 가능하다는 것이다. 청약부금에 가입한 뒤 2년이 지나면 전용면적 25.7평 초과 평형을 받기 위해 청약예금으로 바꿀 수도 있다.

청약부금은 예전에 비해 활용도가 많이 제한되어 있어 가능하다면 청약예금으로 전환하여 보유하는 것이 바람직하다. 작은 평형의 아파트를 민간주택이 건설하는 경우가 줄어 청약부금보다는 청약저축과 청약예금을 보유하는 것이 더 효율적이다.

주택 청약 가점제

정부가 무주택 실수요자들의 내 집 마련 기회를 더 많이 제공하려는 의도로 마련한 제도다. 개편안의 주안점은 무주택자의 무주택 기간, 소득, 자산, 가구 구성원 수 등에 가중치를 두어 당첨자를 뽑는 가점제를 도입하는 것이며, 복잡한 청약 통장의 가입 체계를 단순화하려는 것이다. 이러한 법안은 2008년부터 시행할 예정이다.

관련 법규가 아직 공청회를 거치지 않아 여러 가지 문제가 남아 있다. 예를 들면, 부양가족 수에 자녀만 포함시킬 것인지 아니면 부모도 포함시킬 것인지와 같은 문제다. 여러 가중치 중에 가장 높은 가중치는 부양가족 수가 될 것이며, 이로 인해 부양가족이 많은 장기무주택자에게 가장 유리할 것으로 예상된다.

가점제는 청약예금과 청약부금 가입자에게만 적용된다. 청약저축은 가입 기간과 저축 납입액 순으로 당첨 우선순위를 가리기 때문에 현행 제도가 그대로 유지된다. 새로운 제도에 청약저축을 포함시켜 가점제를 적용할 경우, 현재의 당첨 우선순위가 뒤섞여 기존 가입자들의 반발과 혼란이 불가피하다는 것이 정부의 판단이다.

이 제도는 전용면적 25.7평 이하 중소형 아파트라면 공공민간택지 가릴 것 없이 적용될 전망이다. 건교부는 당초 민간의 자율성을 지나치게 침해할 수 있다는 우려 때문에 적용 대상을 공공택지로만 한정하려 했으나 민간 중소형으로 확대키로 했다.

다만 민간택지의 경우 투기과열 지구나 수도권 · 충청권 등에만 가점제를 적용하고, 주택 경기가 극도로 위축되어 있는 지방의 경우에는 지금처럼 추첨제를 그대로 유지할 가능성도 남아 있다.

6. 적은 금액으로도 가능한 부동산 펀드 리츠

대한민국 사람이라면 누구나 부동산에 관심이 있을 것이다. 이렇게 부동산에 관심이 많아진 이유는 많은 사람들이 부동산 시장에 투자해 지난 30~40년간 충분한 투자 이익을 올렸다고 생각하기 때문이다. 40대 후반 또는 50대 이상인 세대들은 특히나 많은 이익을 창출했다고 생각한다.

이렇게 관심이 많은 부동산 시장에 함부로 접근하지 못하는 이유는 초기 투자비용이 많이 들기 때문이다. 아파트나 상가를 구입하려면 최소 몇 억 원의 자금이 있어야 하지만, 주식 투자 같은 경우는 몇 십만 원이나 몇 백만 원으로도 투자가 가능하다.

부동산에 관심은 많으나 자금이 충분하지 않은 사람들에게 부동산 투자를 가능하게 해주는 방법이 있다. 그것이 바로 부동산 펀드다. 부동산 펀드가 무엇인지 알아보자.

부동산 펀드

리츠(REITs)란 부동산 투자를 전문으로 하는 뮤추얼펀드이며 'Real Estate Investment Trusts' 의 약자로, 사전적 의미로는 부동산 투자신탁이라는 뜻이다. 소액 투자자들에게서 자금을 모아 부동산이나 부동산 관련 대출에 투자하여 발생한 수익을 투자자에게 배당하는 회사나 투자신탁으로, 증권에서 말하는 뮤추얼펀드와 매우 유사하여 '부동산 뮤추얼펀드' 라고도 불린다.

주로 부동산 개발 사업, 임대 사업 또는 주택 저당 채권 등에 투자하여 수익을 창출하는 금융 상품 중 하나다. 만기는 3년 이상 5년 만기이며, 만기까지 환매 금지되는 것이 일반적이다. 리츠 제도는 부동산 경기를 활성화하고 기업의 구조조정과 금융기관의 부실자산 정리를 목적으로 국내에는 2001년도에 처음 도입되었다.

리츠는 설립 형태에 따라 회사형과 신탁형으로 구분된다. 회사형은 뮤추얼펀드와 마찬가지로 주식을 발행하여 투자자를 모으는 형태다. 투자자에게 일정 기간을 단위로 배당하며, 증권시장에 상장하여 주식을 사고 팔 수 있다. 신탁형은 수익증권을 발행하여 투자자를 모으는 형태로 상장할 수 없다.

리츠는 소액으로도 부동산에 투자할 수 있어 일반인도 쉽게 참여가 가능하다. 뮤추얼펀드형은 참여 지분의 주식화가 가능하여 증권시장에 상장함으로써 필요에 따라 언제든지 사고 팔 수 있다는 장점이 있다. 따라서 리츠는 최저 단위가 주식과 같은 지분 형태로 되어 있고, 이

부동산 신탁과 부동산 투자회사의 비교

구분	부동산 신탁	부동산 투자회사(REITs)
개념	• 자신의 재산을 믿을 수 있는 사람에게 맡겨 관리하게 한다. • 주로 토지의 유효 활용을 위해 신탁 계약 체결(개발신탁)	• 투자 대상을 부동산에 한정하여 여러 사람에게 부동산 투자에 참여할 수 있는 기회를 제공한다. • 공동투자와 분산투자로 투자자 보호
목적	• 위탁자가 자신의 재산을 수탁자에게 맡겨 신탁의 목적을 달성할 수 있게 한다. • 신탁 목적의 3대 확정성: 명확성, 일정성, 확정성	• 여러 사람에게 공동 투자의 기회 제공한다. • 부동산의 유동성을 제고하여 기업의 재무구조를 건전화시킨다.
장점	• 토지 소유자는 신탁회사의 경영 이점을 활용하여 토지를 개발할 수 있다. • 신탁 종료 후 토지를 매각 또는 공동 개발할 수 있다. • 복수의 토지 소유자가 공동으로 개발사업을 행할 수 있다.	• 투자회사가 여러 부동산에 분산투자함으로써 투자에 따른 위험을 줄일 수 있다. • 투자자는 간접투자로 부동산 투자에 대한 이익 분배에 참가할 수 있다.
단점	• 위탁자는 신탁에 따른 비용을 지급해야 한다. • 수탁자와 신탁계약 등을 체결해야 하는 번거로움이 있다.	• 투자회사가 투자의 대상을 선정함으로써 개인이 투자하고자 하는 물건에 투자할 수 없다. • 일정 기간 동안 투자 금액을 현금화할 수 없다(폐쇄형).
차이점	투자회사 제도와의 차이는 이미 축적된 재산을 유효하게 활용하거나 관리하는 것이다.	신탁과의 차이는 소액 자금을 공동 투자하여 이익 분배 구조를 갖는 것이다.
공통점	위탁자와 투자자는 직접적으로 부동산을 운영 관리하지 않는다.	

리츠에 대한 지분의 투자로서 부동산에 대한 투자와 동일한 효과를 거둘 수 있다.

리츠 투자의 또 다른 장점은 투자로 발생한 당기 순익의 90%를 의무적으로 투자자에게 배당한다는 점이다. 그렇게 되면 리츠의 지분보유자는 리츠가 발생시킨 투자수익의 대부분을 배당받을 수 있을 뿐 아니라, 투자자산의 가치 증가분(부동산 가격 상승)에 대한 자본 이익도 지분의 매각을 통해 실현할 수 있으므로 실제 부동산을 투자한 것과 동일한 효과를 누릴 수 있다.

리츠의 마지막 특징이자 장점은 채권보다는 높은 수익을 기대할 수 있지만 안정성은 떨어진다는 것이다. 채권의 경우 배당 이익은 이미 확정된 것이지만, 리츠는 실적 배당 상품이므로 부동산 상품의 운영 결과에 따라 배당 폭이 달라진다. 그렇다 해도 리츠가 주식보다 훨씬 안정적인 상품임에는 틀림없다. 주식의 경우는 시장의 상황에 따라 투자 원금 전부를 날릴 수도 있지만, 리츠는 아무리 수익률이 하락한다고 해도 구매한 부동산은 남아 있기 때문이다.

지금까지 부동산 투자는 돈이 많은 일부 부유층의 전유물이라는 선입견을 지울 수 없었던 것이 사실이다. 그러나 리츠의 등장으로 신혼부부처럼 이제 막 재테크를 시작하려는 사람들 특히 부동산 투자의 매력에 빠진 사람들은 많지 않은 금액으로도 부동산 투자라는 새로운 시장으로 들어갈 수 있게 되었다.

그러나 아직 우리나라에서는 언급한 것과 같은 선진국 형태의 리츠 상품을 발견하기가 어렵다. 그나마 출시하는 부동산 펀드 역시 사모 펀

드 형태로 출시되어, 당신의 기호에 맞는 상품을 적절한 시기에 구입하
기가 힘들다. 이제부터 관심을 갖고 조금씩 공부하여 리츠 관련 상품들
이 좀더 안정적으로 출시되는 시점을 기다리는 것이 좋을 것이다.

내 집 마련, 경매로도 할 수 있어요

최근 몇 년간 아파트 시장을 중심으로 부동산 시장의 전망이 불투명해짐에 따라 많은 사람들이 경매에 관심이 높아져 경매 법정은 연일 사람들로 북적인다고 한다. 일반인들이 경매에 관심을 갖는 것은 더욱 저렴한 가격으로 원하는 물건을 구매할 수 있기 때문이기도 하지만, 경매에 관련된 서적이나 문화강좌를 통해 쉽게 교육받을 수 있었던 것이 가장 중요한 원인이다.

이렇게 경매가 쉽게 대중화 됨에 따라 많은 사람들이 경매 시장에 참여하고 있다. 부동산에 대한 폭넓은 이해나 지식 없이 '낙찰만 받아두면 돈 되겠지.' 라고 생각하는 경매 초보자들이 대거 시장에 등장한 것이다. 이런 초보자들로 인해 낙찰가율이 높아지거나, 권리관계를 제대로 파악하지 못해 인수금을 그대로 떠안는 사례들이 종종 발생하고 있다.

경매는 생각처럼 단순한 과정이 아니다. 신혼부부들이 경매를 통해 집을 마련하는 것은 쉽지 않으므로 많은 공부를 해야 할 것이다. 특히 경매에 대한 생각의 전환이 필요하며, 전문가들도 경매를 쉽게 생각하지 않는다는 점을 인식하여 '전문가들이 조언하는 경매' 를 참고했으면 한다.

경매는 단순히 싼 가격에 물건을 구매하는 기술이 아니다. 최근 경매에 관심 있는 사람들을 보면 큰 돈을 벌 수 있다고 생각하는 사람들이 대부분이다. 부동산 전문가들이 이야기하는 것은, 경매에서 가장 중요한 것은 원하는 물건을 구입하는 것보다는 부동산의 본질적 이해를 통해 경매에 참여해야 한다는 것이다. 즉, 현재의 경제 상황과 부동산의 흐름을 살필 줄 알아야 하며, 부동산의 가치라는 것이 지역성·미래성과 관련이 많다는 것을 고려하여 물건의 가치를 평가할 수 있는 능력을 갖추고 경매에 참여하라는 것이다.

내 집 마련을 위한 절차

1. 거주 지역 및 적절한 평형 선정

2. 청약 관련 통장(저축 · 예금 · 부금)에 가입하거나 적합성 확인

3. 청약 순위 확인(가입 2년 이상 1순위, 6개월 이상 2순위, 미가입자 3순위)

4. 분양 공고 확인(신문, 가입 은행 및 부동산 관련 인터넷 사이트)

5. 분양 신청(구비서류를 가지고 직접 방문, 최근에는 인터넷과 ARS 로 청약 가능함)

6. 추첨과 당첨(ARS 및 인터넷으로 당첨 확인 가능)

7. 자금 마련 계획 수립(대출 가능액, 대출 기간, 상환방법, 금리, 준비 서류 등을 확인)

은행 활용만 잘해도
재테크 고수가 된다

5장

1. 주거래 은행을 만들어라

단골의 좋은 점을 모르는 사람은 없을 것이다. 단골이 되면 우선 주인이 항상 친절하게 대해 주어 좋고, 좋은 상품을 소개받을 수 있어 좋다. 무엇보다 좋은 것은 가격을 할인해 주거나 덤을 준다는 것이다. 단골의 좋은 점은 새삼 말할 필요도 없다. 자신의 존재를 알아준다는 것은 항시 기분 좋은 일이다.

이렇게 단골 상점을 만들듯 단골로 거래하는 주거래 은행을 만들어 두는 것이 좋다. 요즘은 은행도 주요 고객에게 송금 수수료 같은 각종 수수료를 면제해 주거나 할인해 주며, 대출 금리 우대, 외화 환전 시 환율 우대 같은 다양한 우대 서비스를 제공하여 주요 고객에게 편의를 제공하고 있다.

이러한 서비스를 받으려면 거래 은행의 주요 고객이 되어야 한다. 주요 고객은 단순히 저축 액수가 많다고 선정되는 것은 아니다. 주요 고객은 어떻게 선정되는지, 어떠한 혜택이 있는지 좀더 자세히 알아보자.

주요 고객이 되라

주거래 은행을 선정하고 은행 거래를 시작한다고 해도 지금 당장 혜택을 보지는 않을 것이다. 더구나 은행 측에서는 당신이 자신들 은행을 주거래 은행으로 사용하고 있는지 조차 모를 수도 있다. 이는 당신이 동네에서 가장 마음에 드는 상점을 주거래 상점으로 정하고 거래한다고 해도 상점 주인이 눈치 채지 못하는 것과 같은 이치다. 그러나 이 상점을 지속적으로 이용하여 주인과 친분이 생긴다면 그때부터는 단골이 되는 것이고, 상점 주인이 제공하는 여러 가지 단골의 혜택을 누리게 될 것이다. 이와 같이 은행도 초기에는 당신이 누구인지 모르지만, 당신이 빈번하게 은행 거래를 하다 보면 모든 거래가 기록되고 누적되어 그 기록에 따라 자연스럽게 은행의 주요 고객이 된다.

주거래 은행을 만들기 위해서는 우선 급여 통장을 기준으로 금융거래를 집중시키는 것이 가장 바람직하다. 급여 통장 하나에 각종 자동이체 거래 및 카드 거래 등을 집중시킨다면, 당신도 은행의 주요 고객이 되어 금리나 송금 수수료 등 우대 서비스를 받게 된다. 요즘 같은 은행 서비스 체계에서 송금 수수료를 면제받는다는 것은 상당한 이익이 있는 매력 만점의 서비스다.

나는 모든 송금 서비스 수수료를 면제받는데, 한 달에 40~50회 정도

송금하기 때문에 혜택 보는 수수료만도 약 3만 원 가량이다. 또 은행 영업시간 이후에 은행의 ATM(현금인출기)을 통해 돈을 인출하는 경우 면제받는 수수료도 매월 2만 원 정도는 된다. 주거래 은행의 VIP라는 혜택으로 총 5만 원 정도의 비용이 절감되는 것이다.

또 급여 통장을 기준으로 급여의 300~500% 정도의 대출을 간단히 받을 수 있다는 장점이 있다. 이러한 거래 실적은 모두 누적되어 장기적으로는 더 좋은 혜택을 받을 수 있다. 이미 이러한 것을 실천하고 있다면 다행이지만 귀찮다고 미루고 있는 사람들은 재테크를 위한 작은 노력이 나중에 당신의 미래를 결정하는 데 큰 영향을 준다는 점을 명심하고 꼭 실천하기 바란다.

주요 고객이 되는 방법과 그 혜택

주거래 은행이란 법인과 개인이 다소 차이가 있을 수 있지만 둘 모두 자신이 가장 자주 또는 주로 이용하는 은행을 말한다. 법인과 개인이 모두 통장을 개설하고 주로 입출금하는 은행이 주거래 은행이라는 뜻은 아니다. 법인의 경우 여신 거래 및 관리를 주로 하는 은행을 주거래 은행이라 한다. 개인의 경우는 은행마다 편차는 있지만 예금과 적금뿐 아니라 대출, ATM, 인터넷 뱅킹 이용 실적, 자동이체 등록 건수, 신용카드 이용 실적 등을 점수로 환산하여 은행 측에서 주거래 고객을 선정한다.

합산된 누적 점수에 따라 주거래 고객으로 선정되고, 우수 고객 등급이 나뉘어져 수수료 할인 혜택 및 우대 금리 서비스 등 각종 우대 서비스를 제공받게 된다. 은행의 이용 실적이 점점 커지면서 고객 등급이 올라가기 때문에 한 은행을 정해서 예금·적금·대출·신용카드·자동이체 등 모든 금융거래를 이용하면 주거래 포인트를 상향 조정할 수 있다. 이렇게 주거래 은행을 정해 거래하는 것은 다양한 혜택을 볼 수 있는 한 방법이며, 효율적인 금융거래를 통해 혜택을 보는 가장 필수적인 재테크 방법이다.

그동안 거래해 온 모든 은행을 주거래 은행으로 만들 수는 없다. 한 은행에서 우수 고객이 되기에도 당신의 거래 실적이 부족할 수 있기 때문이다. 그래서 가장 적당한 은행을 정하여 주거래 은행으로 만들라는 것이다. 가장 적당한 은행이란 자신이 가장 많이 이용하고 또 가장 자주 이용할 수 있는 은행을 말한다. 이러한 모든 혜택을 지금 당장 부여받는 것도 중요하지만, 우리나라가 선진국이 되면 될수록 은행 거래 실적에 따라 더 많은 혜택을 제공받게 된다는 점을 기억하여 미래를 위해서라도 주거래 은행을 만들 필요가 있음을 기억하라.

주거래 은행, 이렇게 활용하라

예금·적금 가입

예금·적금 가입 시 누구나 이자를 많이 주는 금융기관을 이용할 것이다. 그러나 자신의 주거래 은행에서 예금·적금을 가입하면 특별한 혜택을 받을 수 있다. 즉, 주거래 은행의 평균 잔고가 많아지거나 주거래 합산 점수가 높아져서 등급에 따라 0.1~0.2%의 상향 조정된 금리를 적용받을 수 있다.

대출 신청

예금에 높은 이자율을 적용받는 것과 마찬가로 대출 신청 시점에는 더 낮은 금리를 적용받아 대출을 받을 수 있다. 특히 신용대출인 경우에는 자신의 주거래 은행에서 가장 쉽게 대출받을 수 있고, 고객의 우수 등급에 따라 금리가 은행별로 최고 3% 이상 차이가 나므로 고객 등급을 상향 조정할 필요가 있다. 고객 등급이 높을수록 낮은 이자를 적용받으므로 주거래 은행을 활용하여 이러한 혜택을 누리는 것이 좋다.

각종 수수료

은행이 부과하는 각종 수수료가 비싸다는 것을 새삼 이야기 할 필요는 없다. 고객의 편리를 위해 ATM을 설치한다고 한 것은 모두 옛날이야기가 되었다. 이제 은행은 ATM 수수료를 포함한 각종 수수료로 은행의 수익을 극대화하고 있다. 이러한 수수료를 최소화할 수 있는 방법이 바로 은행의 우수 고객이 되는 것이다.

우수 고객이 되기 위해서는 주거래 은행을 최대한 이용해야 한다. 고객의 등급에 따라 수수료 면제 또는 할인 혜택을 받을 수 있으므로 주거래 은행을 적극 활용하라.

카드 사용

주거래 은행의 카드 사용을 통해 주거래 포인트를 높일 수 있다. 카드를 여러 장 사용하면 카드 과다 소유로 불이익을 받을 수 있다는 점을 기억하라. 카드를 과다 소유하면 개인 신용 평점이 낮아져 대출 등에 제약을 받을 수 있다. 일반적으로 우수 고객에게는 은행계열 카드의 여러 가지 수수료가 저렴하므로 주거래 은행에서 발급받은 카드를 주로 사용하면 유리하다. 이러한 점을 고려하여 최대한 많은 혜택을 누려야 한다.

2. 통장이라고 다 똑같은 통장이 아니다

은행별로 제공하는 서비스가 비슷하고, 통장(은행 상품)에도 커다란 차이가 없기 때문에 '유리한 통장이 따로 있을까?' 하고 생각할 수도 있다. 은행 업무를 언제 어디서든 편리하게 볼 수 있다면 그것이 편리한 은행이고 괜찮은 통장이라고 생각할 것이다. 그렇게 본다면 점포 수가 많은 은행이 좋은 은행이고, 그 은행의 통장이 좋은 통장일 것이다. 결국 자신이 사용하기에 가장 편한 은행의 예금 상품이 가장 유리한 통장이겠지만, 그 외에 다른 면을 고려한다면 조금은 다른 결과를 도출하게 된다.

무통장(전자통장) 계좌를 개설하라

인터넷 뱅킹이 대중화 되어 통장 쓸 일이 없어진 요즘 무통장 계좌를 이용하는 사람들이 늘고 있다. 내 경우도 통장을 가지고 은행에 가면 오히려 일을 처리하는 데 시간이 더 걸린다. 통장 거래를 한 적이 거의 없기 때문에 우선 지난 1년 또는 최소 6개월간의 거래 내역을 정리해야만 사용이 가능하다. 그래서 가능하면 인터넷 뱅킹을 이용하고 은행에 가더라도 ATM을 이용한다.

또 통장을 자주 사용하지 않아 잃어버려 새로 만드는 경우도 종종 있는데, 통장 분실신고를 하고 새로 만드는 데 비용을 지불하기도 한다. 그때마다 억울하다는 생각이 절로 든다. 최근 인터넷 뱅킹과 자동화기기 이용이 많아지면서 나처럼 통장을 '모셔놓기만' 하는 사람들이 늘고 있다. 그러니 당신도 이번 기회에 통장을 아예 없애고 새로 전자통장을 개설하는 것도 고려해 볼 만할 것이다.

무통장 예금 상품에는 이자와 수수료 혜택이 있다

요즘 많은 사람들이 은행 수수료에 불만이 많다. 수수료가 너무 비싸다는 것이다. 은행 업무시간 이외에 ATM을 이용할 때 내는 수수료, 타행 송금 시 내는 수수료 등은 내가 생각하기에도 아깝다. 이렇게 아까운 수수료를 면제해 주는 무통장 예금 상품이 있다. 국민은행의 '인터넷 저축예금'과 우리은행의 '우리닷컴통장' 그리고 홍콩 상하이은행 (HSBC)의 'e자유예금' 등은 수수료가 무료이거나 저렴한 통장이다.

국민은행의 인터넷 저축예금은 타행 송금 수수료가 무료이고, ATM 단말기를 이용하면 타행 이체 수수료도 무료다. 그러나 국민은행의 인 터넷 저축예금과 우리은행의 우리닷컴통장 등 모든 무통장 예금 상품 역시 신규계좌 개설 및 해지 시 반드시 창구를 방문해야 한다. 국민은 행은 현금카드, 신용카드, 체크카드 중 하나를 꼭 발급받아야만 사용이 가능하다.

이밖에도 신한은행의 전자통장은 전자결제 시 발생한 수수료의 10% 를 6월과 12월에 환급해 준다. 또 농협의 경우는 수수료가 있는 대신 예 금 이자율이 높다. 전자통장을 이용하여 수수료를 줄일 수도 있지만 최 상의 방법은 본인의 급여이체를 주거래 은행에 설정하여 각종 수수료 를 면제받는 것이다.

홍콩 상하이은행의 e자유예금과 국민은행의 인터넷 저축예금에 대 해 잠시 비교해 보자. 두 상품의 공통점은 다음과 같다.

- 통장을 발행하지 않는다.
- 인터넷 뱅킹 수수료는 다른 은행 이체까지 면제된다.
- 창구를 이용할 경우 수수료를 낸다(국민 1,000원, 홍콩 2,000원).

서로 다른 점은 국민은행의 상품은 자동화기기로 타행 이체 시 수수 료가 면제되지만, 홍콩 상하이은행은 수수료를 받는 다는 점이다. 신규

계좌 개설 시 홍콩 상하이은행은 50만 원이라는 예금 잔고가 필요하지만, 국민은행은 만 원으로 해결이 가능하다.

홍콩 상하이은행의 장점도 있다. 홍콩 상하이은행은 지점수가 많지 않은데, 이 문제를 해결하기 위해 타행과 계약을 맺어 타행 ATM을 이용해도 예금 인출 수수료가 없다. 그러나 국민은행은 타행 기기를 이용하면 수수료가 붙는다. 지점이 많으므로 굳이 타행 ATM이나 CD기를 이용할 필요가 없다.

또 홍콩 상하이은행의 e자유예금의 이자율은 3%인데 반해, 국민은행 인터넷 저축예금은 이자율이 0.5%밖에 안 된다. 이러한 점들을 잘 비교하여 자신에게 맞는 상품을 선택해야 한다.

무통장 계좌 개설 시 유의 사항

무통장 예금 혜택은 은행별로 무척이나 다양하므로 이용하기 전에 상품의 특성과 차이점을 확인해야 한다. 인터넷 뱅킹 이외에 다른 수수료는 할인이 안 되는 은행 상품도 있다. 우리은행의 우리닷컴통장이나 하나은행의 인터넷 통장이 대표적인 상품으로, 이 두 가지는 인터넷 뱅킹 이외에 다른 수수료에 대한 할인이 전혀 없다.

또 수수료 일부를 포인트로 적립해 현금처럼 쓸 수 있게 해주는 은행도 있다. 조흥은행의 e드림 종합통장은 거래 건당 수수료의 10%를 적립해 준다. 적립 포인트가 천 원을 넘으면 현금처럼 쓸 수 있다.

그러나 무통장 예금으로 은행거래를 하는 것이 항상 좋은 것만은 아니다. 오래 전의 거래내역을 보려면 창구를 직접 찾아가 신청해야 하는 불편함이 있다. 은행에 따라 다르지만 수수료를 요구하는 곳도 있다. 국민은행의 인터넷 저축예금은 3개월 이전의 거래내역을 보려면 수수료 천 원을 내야 한다. 그러나 우리은행은 1년 동안의 거래내역을 인터넷에서 조회할 수 있고, 매월 전자우편으로 거래내역을 알려주기도 한다.

특히 창구를 이용하는 경우에는 많은 수수료를 내야 하므로 창구를 이용하는 것은 최소화해야 한다. 무통장 상품은 창구를 이용하지 않는 대가로 여러 가지 혜택을 제공받는다는 것을 잊지 마라.

그밖의 이자율이 좋은 통장

이자율이 좋은 통장이란 결국 이자를 많이 주는 통장을 뜻하는데, 다음과 같은 상품들은 자유롭게 입출금을 하는데도 이자가 높다.

CMA 계좌

수시 입출금이 가능한 형태로 금리가 높은 상품이다. 이자율은 예치 기간에 따라 차이가 있지만 3.8% 정도이고 5,000만 원까지는 은행과 같이 예금자 보호가 된다. 동양종금의 CMA가 가장 일반적인데, 이는 종금사 중 지점이 많아 그나마 편리하고 또 국민은행과 우리은행에서 연계계좌 사용이 가능하다. 연계계좌 통장 개설이 편리하지만 동양종금에서 개설한 통장과는 차이가 있다.

인터넷 뱅킹으로 이체 및 조회가 가능하지만 제2금융권이나 일반 은행과 거래 시 500원 정도의 수수료가 발생한다. 수수료를 내지 않는 방법이 있는데, 미래에셋 펀드에 가입하면 수수료를 내지 않아도 된다. 동양종금의 현금카드로 연계계좌가 개설된 은행의 ATM을 이용하면 그밖의 은행거래 수수료가 면제된다.

MMF나 상호저축은행의 계좌

증권회사에서 계좌 개설이 가능한 MMF, 상호저축은행의 예금이나 저축은 일반 시중 은행보다 금리 면에서 훨씬 유리하다.

3. 상호저축은행과 새마을금고로 곁눈질하라

이번 장에 들어가기 전에 간단히 금융권에 대해 설명하겠다. 당신은 제1금융권, 제2금융권이라는 말을 많이 들었을 것이다. 그러나 이것에 대해 정확히 알고 있지는 못할 것이므로 이번 기회에 정확히 이해해 두기 바란다.

제1금융권과 제2금융권 그리고 제3금융권을 이해하기 위해서는 먼저 금융기관을 이해해야 한다. 금융기관이란 돈을 가진 사람과 돈이 필요한 사람 사이에서 자금의 공급과 수요를 중개하는 기관으로, 은행·증권사·보험사 등을 말하는 것이다.

약간은 어려운 이야기지만 금융시장에서는 통화금융기관을 제1금융권이라 하고, 비통화금융기관을 제2금융권이라고 부른다. 또 제1금융권과 제2금융권을 합쳐서 제도금융권이라고 하며, 그 외 금융기관을 제3금융권이라고 한다.

제1금융권

제1금융권이란 은행을 말하는 것으로, 우리가 잘 알고 자주 이용하는 신한·국민·우리·하나은행 등의 일반 은행과 수출입 은행 등의 특수 목적 은행, 지방 은행을 가리킨다. 이 제1금융권은 돈 거래를 직접 중개하는 금융기관으로 이해하면 된다.

제2금융권

제2금융권은 증권사, 생명 및 화재보험사, 투자신탁회사(투자신탁 운용사 및 자산 운용사), 여신 금융회사(신용카드사, 캐피털 회사, 할부금융사, 벤처금융사), 상호저축은행 등을 말한다.

제3금융권

제3금융권이란 제도금융권에 속하지 않는 나머지 금융기관을 말한다. 주로 사 금융권이라는 말과 같은 뜻이며, 최근에는 소비자 금융이라는 용어로 언론에서 사용되고 있다. 주로 대출을 전문으로 하는 대부업체 및 사채업체가 여기에 해당한다. 대부업체와 사채업체의 음성화를 방지하기 위해 제도적으로 만들어낸 기관이라고 생각하면 된다.

상호저축은행

1972년에 설립된 지역 금융기관으로 본래의 명칭은 상호신용금고였으나, 2001년 3월 상호신용금고법이 상호저축은행법으로 개정되었고, 2002년에 현재의 명칭으로 바뀌었다. 업무는 상호신용금고일 때와 크게 다르지 않으나, 각각 별도의 계좌번호 체계를 사용하던 것이 금융결제원 네트워크를 통해 통합되었다.

주업무는 수신업무, 여신업무, 부대업무로 나뉜다. 수신업무에는 예금과 부금 그리고 적금 등이 있으며, 여신업무에는 대출과 어음 할인 등이 있다. 이밖에도 자금이체와 내국환업무보호예수업무, 대여금고 및 야간금고공과금 수납대행 등의 부대업무가 있다. 일반 시중 은행보다 예금과 적금 이자율이 높은 반면 대출 금리 역시 1~2% 높은 편이다.

여기서 당신이 눈여겨볼 것은 이자율이 높다는 것이다. 이자율이 시중 은행보다 높은 데는 몇 가지 이유가 있다. 첫째, 설립 취지가 서민과 영세 상공인에게 금융 편의를 제공하고 저축 증대를 도모하기 위한 것이므로 이자율이 높다. 둘째, 상호저축은행의 경우 시중 은행에 비해 규모가 작아 위험성이 높다고 생각하기 때문에, 시중 은행보다 금리가 높지 않으면 자금의 유입(저축의 유도)이 어렵다. 따라서 일반 시중 은행보다 높은 금리를 지급하여 저축 증대를 도모하고자 하는 것이다. 즉, 상호저축은행의 금리에는 영세성이라는 위험에 대한 리스크 프리미엄(Risk Premium)이 붙어 있다고 보면 된다. 이밖에도 시중 은행처럼 점포 수가 많지 않고, 시중 은행이 제공하는 ATM 등의 서비스를 제공받지 못하는 불편함 등이 이유가 될 수도 있다.

또 BIS 자기 자본 비율이 시중 은행에 비해 낮아 안정성 면에서도 일반 은행과 경쟁이 어려운데 이 또한 이유가 될 수 있다. 시중 은행에 비

해 상대적으로 안정성이 약한 것이 상호저축은행이므로, 거래할 경우
에는 BIS 자기 자본 비율을 보고 상호저축은행을 선택하는 것이 좀더
안정적이다. BIS란 'Bank for International Settlement'의 약자로, 국제
결제은행이 정한 은행의 위험 자산(부실 채권)에 대한 은행의 자기 자
본 비율을 말하는 것이다. 1988년 7월 각국 은행의 건전성과 안정성 확
보를 위해 최소 자기 자본 비율에 대한 국제적 기준을 마련한 것이 계
기가 되었다. 이 기준에 따라 은행은 위험 자산에 대해 최소 8% 이상의
자기 자본을 유지하도록 하고 있다.

그렇다고 이들 저축은행이 모두 불안한 것은 아니다. 이들은 위에서
언급한 것과 같이 규모가 작기 때문에 불리한 점들을 상쇄하려고 고객
에게 1~1.5%의 높은 이자율로 보상하고 있는 것이다. 또 시중 은행과
똑같이 1인당 5,000만 원까지는 예금자 보호법의 적용을 받으므로
5,000만 원까지는 안심하고 예금해도 된다. 1~1.5% 높은 이자가 많은
돈이 아니라고 생각해서 무시하는 사람들도 있겠지만, 1년에 1,000만
원에 대한 이자가 10만~15만 원이나 더 많다면 발품을 팔아 이러한 은
행에 예금할 만한 가치가 있다고 생각한다. 이렇게 작은 것들을 차근차
근 준비해 쌓아가고 모아가는 것이 재테크의 기본이다.

새마을금고

새마을금고의 역사를 알아야 재테크를 잘하는 것은 아니지만 재미삼

아 새마을금고가 어떻게 탄생했는지 알아보자. 1963년 재건국민운동의 향토개발사업 일환으로 추진되어 온 마을금고는 1972년 법인 설립에 착수, 1973년 재건국민운동에 병설하여 마을금고 연합회를 창립한 후, 1975년 독립하여 새마을운동의 주요 시책 사업으로 권장 육성되었다. 이것이 새마을금고의 역사다. 새마을금고는 당시 정부의 국내 저축 증대 시책의 일환으로 매우 중요한 사업이자 기관이었다. 새마을금고의 몇 가지 주요 사항을 살펴보자.

새마을금고는 지점마다 다른 금리를 채택한다

각 점포마다 금리가 다르다고 해서 1~2%의 높은 금리 차이를 보이는 것은 아니다. 적게는 0.1%, 많게는 0.3~0.5% 정도까지 차이를 보인다. 그러므로 새마을금고를 이용할 경우 이자율 비교는 반드시 해보아야 한다. 새마을금고의 이자율은 일반적으로 상호저축은행과 비슷한 정도라고 생각하면 된다.

세금우대 예탁금과 세금우대 종합저축의 차이점

전자는 단위협동조합과 새마을금고에서 2,000만 원을 한도로 운영하는 것이고, 후자는 전 금융기관에서 4,000만 원까지 세금우대를 해주는 제도다. 세금우대 예탁금은 출자금을 내고 조합원으로 등록한 경우에만 가능한데, 이 경우에 세금은 농어촌 특별세 1.4%만을 내면 된다. 출자금은 금고마다 다르지만 보통 만 원을 내고 출자하면 조합원이 되므로 출자금과 조합원이라는 말에 너무 두려워하지 말았으면 한다. 세금우대 종합저축은 9%의 이자소득세와 0.5%의 농어촌 특별세를 합하여 9.5%의 세금을 원천징수한다. 세금우대 예탁금의 세금이 좀더 적어 다소나마 소득 증가에 도움이 될 수 있다.

세금우대 종합저축은 4,000만 원까지 가능하나 비교를 위해 2,000만 원으로 계산했다(이자율은 각각 연 5%로 일치시켜 계산했음).

상품 종류	예금액	이자	총액세금	총액차액
세금우대 예탁금	2,000만 원	100만 원	14,000원	8,1000원
세금우대 종합저축	2,000만 원	100만 원	95,000원	

새마을금고라는 이름을 쓰는 곳은 모두 새마을금고연합회라는 곳에 회원으로 가입되어 있어서 혹시 잘못되더라도 예금자 보호제도와 같이 5,000만 원까지는 새마을금고연합회의 기금으로 보호가 가능하므로 예금자 보호가 되지 않는다고 걱정할 필요는 없다.

제2금융권과 친해지면 떡이 떨어진다

오늘은 월급날, 결혼한 지 얼마 안 된 이 과장은 마냥 기분이 좋기만 하다. 결혼을 하니 월급통장에 찍힌 월급 액수가 달라 보인다. 이 돈으로 가정을 위해 계획을 세우고, 그 계획이 달성되면 또 새로운 계획을 세우고…. 생각만 해도 행복하다.

그때 옆자리에서 계좌이체를 하고 있는 박 과장의 모습이 보였다.

"박 과장, 뭐해?"

"응. 오늘 월급날이라 월급을 상호저축은행에 계좌이체하고 있는 중이야."

"아니, 은행도 망하는 시대인데 그러다가 망하면 어떻게 하려고 그래? 요즘 신문도 안 봐?"

"모르는 소리. 은행이 망해도 5,000만 원까지는 예금자 보호를 받을 수 있다구. 그래서 제2금융권 세 군데 정도에 분산투자를 하고 있지. 시중 은행보다 이자가 더 높은데 굳이 이자율 낮은 시중 은행에 돈을 묶어둘 필요가 있나. 한푼 두푼 모아 서푼 되는 거 몰라? 작은 관심이 시중 은행보다 몇 십만 원의 이득을 더 줄 수 있다구."

이 과장은 원금 손상에 대한 걱정이 없다고 시중 은행만 고집하는 자신이 갑자기 한심해 보였다.

의뢰인들의 보편적인 생각 중 하나가 시중 은행은 무조건 안전하다는 것이다. 물론 우리나라에서 시중 은행이 부도날 리는 없겠지만, 시중 은행이 예전처럼 모두 우리나라 은행이라고만 볼 수는 없다. 시중 은행에 대한 무조건적 신뢰에 반해 상호저축은행에 대한 불안감은 매우 크다.

여러 가지를 비교해 보더라도 상호저축은행이 시중 대형 은행과 비교될 수는 없을 것이다. 그렇지만 상호저축은행도 시중 대형 은행과 마찬가지로 5,000만 원까지는 예금자 보호가 된다는 사실을 기억하기 바란다. 특히 상호저축은행은 대형 시중 은행에 대응하기 위해 나름대로 노력을 많이 하고 있는데, 그중 가장 매력적인 것이 시중 은행보다 이자율이 높다는 것이다. 당신은 이점을 최대한 활용해야 한다.

매일 은행을 이용하고 있으면서도 은행이 제공하는 여러 가지 부가 서비스에 관해 정확히 알고 있는 사람은 많지 않다. 은행이 제공하는 여러 서비스에 좀더 관심을 기울여 자신에게 도움이 되도록 만드는 것이 재테크의 출발점이라는 사실을 잊지 말아야 한다.

4. 외화예금,
재테크에 유리할까

외화예금이란 무엇인가

내가 처음으로 외화예금을 한 것은 1994년쯤이었다. 당시 내가 근무하던 회사의 주거래 은행에 외화예금 계좌를 개설했으나, 이후에 예금이나 출금을 해본 기억은 없다. 그러나 최근 몇 년 사이에 외화대출이나 외화예금에 관해 문의하는 사람이 많아 이 장에서 외화예금에 대해 개요만 설명하려고 한다. 특히 최근 원화 강세로 엔화 대출을 받은 사람들의 환차익에 관한 이야기가 시중에 많다. 그러나 외화예금은 금융시장의 상황 변동뿐 아니라 국가 경제 상황에 따라서 환차익과 환차손을 볼 수 있는 매우 민감한 상품이다.

외화예금은 우리나라 돈이 아닌 타국의 화폐로 가입할 수 있는 예금을 말하지만, 일반적으로 많이 가입하고 있는 달러를 중심으로 설명하고자 한다. 외화예금은 누구나 계좌 개설이 가능하며, 보유하고 있는 외화나 원화로 외화예금할 경우 원화를 외화로 바꾸어 외화예금을 하면 된다.

외환거래 자유화 이후 예금 가능 최고 금액의 제한은 없으나, 일반적으로 많은 사람들이 잘못 알고 있는 것 중 하나가 일정 금액(미화 2만 불 상당액) 이상의 경우에는 무조건 국세청에 보고된다고 믿는 것이다. 그러나 국세청에 통보되는 경우는 2만 달러 이상을 국내 또는 국외에서 송금 받거나, 예금했던 외화예금을 원화로 찾지 않고 외화로 인출하는 경우다. 이것은 국민에게 세무상 불이익을 주겠다는 것이 아니라, 마약 등과 관련된 음성적인 자금의 불법 거래를 차단하겠다는 것이다. 참고로 미국의 경우 1만 달러 이상을 거래하면 국세청에 통보하고 있다.

대부분의 시중 은행이 외화예금 상품을 판매하고 있어 쉽게 가입할 수 있지만, 각 은행별로 상품의 종류 및 서비스가 다양하므로 자신에게 적합한 은행과 상품을 선택하여 가입해야 한다.

외화예금 시 유의 사항

외화예금은 2001년부터 예금자 보호 대상에서 제외되었으므로 우량 은행을 선택하는 것이 좋다. 또 외화예금은 세금우대나 비과세 상품이 없으며, 발생한 이자소득에 대해 모두 일반 세율을 적용하여 과세한다. 그리고 일반 원화예금과 마찬가지로 다른 금융소득과 합하여 연간

4,000만 원을 초과하면 금융소득 종합과세 대상이 된다는 사실을 기억하라.

외화예금의 경우 입금할 때 원화를 외화로 교환하는 경우라면 수수료를 지급해야 하며, 인출 시에도 외화를 원화로 교환하는 것에 따른 수수료가 발생한다. 수수료는 입금 시와 출금 시를 합해 대략 원금의 2.0~3.0% 정도로 상당히 많은 금액이다. 이러한 점 때문에 단기로 운용하기에는 적합하지 않은 상품이다.

사람들의 최대 관심사인 환차 손익 문제에 관해 알아보자. 원화로 외화예금을 하는 경우 입금 시와 출금 시에 적용되는 환율이 변하므로 입금할 때보다 환율이 오르는 경우에는 이자 이외에 환차익이 발생하지만, 반대로 환율이 내리는 경우라면 환차손이 발생할 수 있다. 즉, 원화를 기준으로 보면 예금 당시의 원금보다도 적어 손해를 볼 수도 있다는 것이다. 만약 지속적으로 원화가 약세를 보여 환율 상승 현상이 지속된다면 외화예금의 가입을 고려해 볼 수도 있다. 그러나 환율은 주식시장보다 더 미묘하고 변동이 심해 전문가들조차도 예측하기가 어려우므로 환차익에 관심을 집중하기보다는 환차손과 환차익을 동시에 고려해야 한다.

실제적으로 지속적인 환율 상승기라고 하더라도 환율 변동성이 너무 많아, 위험관리(Risk Management)상 당신의 포트폴리오에 많은 비중을 두기 어려운 상품이라 권하고 싶은 상품은 아니다. 단순히 외화예금을 가지고 있다고 해서 재테크 성공에 유리한 고지를 점하였다는 생각은 절대 금물이다.

5. 절세 효과가 있는 금융 상품을 찾아라

　금융 상품을 비교할 때는 세금 부과 또는 세금 감면이라는 점이 가장 중요한 고려 대상이다. 금융 상품은 비과세 상품, 세금우대 상품, 과세 이연 상품 그리고 일반 과세 상품으로 나눌 수 있다. 가능하면 나열된 순서에 입각하여 가입하는 것이 좋다.

　비과세 상품의 가입을 최우선적으로 권하지만, 우리나라의 금융 상품 중 비과세 상품 특히 은행권의 비과세 상품은 거의 없다고 볼 수 있다. 4장에서 이미 설명한 장기주택마련저축과 생계형 저축이 은행권 비과세 상품의 전부다. 연금저축은 일정 기간 이후 연금으로 수령할 때 조차도 5.5% 이상의 연금 소득세를 내는 과세이연 상품이라는 점을 기억하라. 이외에 농민과 어민을 위한 농어가목돈마련저축과 예탁금 출자금이 있지만, 이 두 가지 상품은 일반인이 가입할 수 없는 상품이다.

장기주택마련저축

장기주택마련저축은 가입 후 만기인 7년을 채우게 되면 발생 이자소 득에 대한 이자소득세가 비과세 되는 상품으로, 주로 초기 3년간은 확 정금리지만 이후 4년간은 변동금리를 적용하는 상품이다. 이외에도 소 득공제가 되어 급여 생활자에게 도움이 되는 상품임이 틀림없지만, 7 년을 채우지 못하고 중도에 해약하는 경우에는 불리한 페널티가 존재 하는 상품이다.

개인연금저축

개인연금저축이라 함은 저축불입 계약기간 만료 후 연금의 형태로 불입액을 지급받는 저축을 말한다. 가입 가능한 연령은 만 20세 이상이 며, 불입기간은 10년 이상이고, 분기마다 300만 원 범위 내로 불입해야 한다. 저축불입 계약기간 만료 후 가입자가 만 55세부터 5년 이상 연금 으로 지급받는 저축의 경우 2000년 12월 31일 이전에 가입했으면 저축 불입액의 일정액을 종합소득에서 공제받을 수 있다(2000년 12월 31일 로 신규 가입이 중지되어 과거 가입자의 추가불입만 가능하다). 추후 연금소득을 지급받는 경우에는 연금소득에 해당되어 소득세가 부과되 는 상품이다.

비과세 생계형 저축

대부분의 사람들이 가입 조건에 해당하지 않아 전혀 무관한 상품일 수 있지만, 상식 차원에서 알아두면 좋을 것 같아 설명한다. 생계형 저축은 특정 금융 상품 명칭이 아니다. 즉, 정기예금이나 적금, 투자 상품 등의 금융 상품을 가입할 때 신청하는 것으로, 여기서 발생한 이자에 대해서는 완전 비과세다.

이 상품은 은행·증권사·보험사·종금사·상호저축은행·우체국·신협·새마을금고 등 모든 금융기관에서 취급하고 있는데, 만 60세 이상이거나 장애인, 국가유공상이자나 독립유공자와 그 유가족, 생활보호대상자 등이라면 생계형 저축 상품에 가입할 수 있다.

생계형 저축은 1인당 저축 원금 3,000만 원까지 이자소득세가 면제되는데, 특히 만기 조건이 없어 가입기간에 관계없이 1년 미만으로 가입하거나 중도해지해도 비과세가 유지되는 상품이다. 또 단 한 개의 금융 상품에만 적용되는 것이 아니어서 1,000만 원씩 세 개의 금융 상품에 가입해도 혜택이 있다. 즉, 여러 개의 금융 상품에 가입하고 생계형 저축으로 신청해도 되지만, 총액이 3천만 원을 넘어서는 안 된다.

그러나 모든 금융 상품에 적용되는 것은 아니다. 다음의 상품은 제외된다.

- 외화 예금, 특정금전신탁, 매월 약정된 입출식 예금
- 증서로 발행되고 양도가 가능한 저축
  CD, 표지어음, 증서식 정기예금(무기명 정기예금 포함), 무기명 중금채
- 어음 수표 등에 의해 지급이 가능한 예금(당좌예금, 가계당좌예금)
- 조세특례제한법상의 제9절 '저축지원을 위한 조세특례'에서 규정

하고 있는 상품

- 기 취급 중인 비과세 저축(근로자우대 저축, 장기주택마련 저축, 신개인연금신탁 등)

세금우대 금융 상품

세금우대 상품에는 세금우대 예탁금과 세금우대 종합저축 두 종류가 있다. 원래 금융기관에 예금해서 이자가 발생하면 15.4%를 세금으로 제한다. 보통 통장에 이자라고 받는 금액은 총 이자에서 세금을 공제한 금액을 지급받는 것이다. 세금우대 상품은 저축을 장려하는 차원에서 저축하는 사람에게 혜택을 주기 위해 본래 세금보다 다소 적은 세금을 공제하여 좀더 많은 이자를 지급해 준다.

세금우대 종합저축은 모든 금융기관에서 가입이 가능하다. 다만 4,000만 원(미성년자는 1,500만 원)을 초과하여 가입할 수는 없다. 1년 이상 가입한 정기예금이나 적금의 경우에 일반적인 세금 15.4% 대신에 9.5%의 세금을 과세한다.

세금우대 예탁금은 2,000만 원(미성년자는 1,500만 원)까지가 최대 가입 금액으로, 세금우대 종합저축과는 별개로 취급하고 있는 독립된 금융 상품이다. 가입 가능한 금융기관은 회원농협, 회원수협, 신용협동조합, 새마을금고 등이다. 과세하는 세금은 세금우대 종합저축에 비해 훨씬 낮은 1.4%가 전부다. 2007년도에 세율이 6%로 오르고 2008년도에는 없어진다는 이야기도 있으니 가입을 원하는 부부는 빨리 가입하는 것이 좋다.

　이와 같은 상품을 선정하여 가입하면 많지 않은 자금이라도 세금을 적게 납부하여 전체 금융소득을 상향 조정할 수 있다. 실제로 이러한 상품은 보통 상품보다 은행 이자율을 1~1.5% 높게 적용받는 효과를 갖는다.

비과세 및 세금우대 금융 상품

구분	저축 상품명	취급기관	가입 대상 및 특징	가입기간	가입한도
비과세	생계형 저축	모든 금융기관	만 65세 이상 노인, 장애인, 생활보호대상자, 국가유공자 및 상이자 등		1인 1통장 (3,000만원 한도)
비과세 및 소득공제	장기주택마련 저축	은행, 농협, 수협, 신용금고	만 18세 이상 무주택자, 전용 85㎡ 이하 1주택 소유자	7년 이상	분기당 300만원
	소득공제 내용: 당해 년도 저축 납입 금액의 40%에 상당하는 금액을 당해 년도 근로소득에서 소득공제함. 단, 공제 한도는 연간 300만 원까지임.				
	연금저축 (투자신탁, 보험 포함)	은행, 투신사, 보험사, 우체국, 농협, 수협	- 만 20세 이상 - 55세 이후 5년 이상 연금 형태로 지급받는 저축	10년 이상	분기당 300만 원
	소득공제 내용: 당해 년도 저축 납입 금액의 100%에 상당하는 금액을 당해 년도 종합소득에서 소득공제함. 단, 연간 240만 원을 한도로 함. (2001. 1. 1 이후 신설된 연금저축에 대한 소득공제 한도임)				

6. 작지만 큰 구멍,
수수료를 막아라

세금도 마찬가지겠지만 은행 수수료 역시 많이 내고 싶은 사람은 없을 것이다. 특히 최근 10년간 시중 은행의 수수료 수입은 엄청나게 증가했다. 요즘은 인터넷 뱅킹이나 ATM을 통한 입출금과 송금 등 전자은행거래를 훨씬 많이 하는데도, 예전에 은행 창구에서 은행 일을 볼 때보다 수수료를 더 많이 내고 있다. 은행 이자는 날이 갈수록 적어지는데 지불해야 하는 수수료는 점점 많아지고 또 비용도 오르고 있으니, 은행 수수료를 줄여 은행을 이용하는 데 따르는 비용을 최소화할 수 있는 방법을 생각해 보아야 한다.

은행 수수료를 줄이는 가장 간단한 방법은 은행 업무시간 안에 거래 은행에서 직접 은행 일을 보는 것이 최상이지만, 이렇게 몸을 피곤하게 만드는 방법 말고 어떤 방법이 있는지 알아보자. 국책 은행이나 특수 은행 그리고 외국계 은행 등을 잘 이용하면 생각보다 많은 수수료를 아끌 수 있으니 이 장을 잘 활용하기 바란다.

국책 은행과 특수 은행을 활용하라

우리나라에서 산업은행이 국내 은행 중 유일하게 '영업시간 외 수수료'를 받지 않는 은행이다. 역시 국책 은행은 달라도 뭐가 다르다. 영업시간이 지나서 송금이나 출금을 하기 위해 은행을 이용하는 고객에게 수수료를 더 내야 하는 일을 없게 만들어 주니 말이다.

또 우리나라의 국책 은행인 산업은행은 인터넷 뱅킹과 텔레뱅킹을 이용하는 경우에 송금 수수료를 전혀 받지 않고 있다. 다만 국책 은행이라는 점 때문에 지점이 많지 않아 이용하기가 다소 불편하다는 단점이 있지만, 일단 산업은행에서 계좌를 만들고 은행거래를 시작하면 우리은행의 모든 지점을 이용할 수 있기 때문에 이러한 단점은 보완된다.

산업은행과 우리은행은 상호 업무협약을 맺고 있어 산업은행 통장이나 카드로 우리은행 창구나 자동화기기를 이용할 수 있다. 즉, 직접 산업은행 지점을 찾아다닐 필요가 없다는 것이다.

당신이 기업은행이나 농협 고객이라면 소액출금 제도를 이용하여 수수료를 최소화할 수 있다. 기업은행과 농협에서는 영업시간 외에 자동화기기를 이용하여 출금하는 경우 소액, 즉 만 원까지는 수수료를 지불하지 않아도 된다. 만약 은행 업무시간 이후부터 다음 날 은행 문을 열기 전까지 5만 원이 필요하다면 만 원씩 다섯 번을 인출하면 된다.

농협중앙회와 단위농협은 농협 자동화기기에서 영업시간 외에 출금해도 인출 수수료를 받지 않는 것은 물론 계좌이체 시에도 수수료를 받지 않으니 잘 활용하도록 하자. 외환은행 고객일 경우 우체국을 잘 이용하면 도움이 된다. 외환은행 통장으로 우체국에서 입금이나 출금을 하면 수수료가 면제되기 때문이다. 특히 토요일을 잘 활용하면 효과적일 수 있다. 우체국은 토요일에도 업무를 보기 때문에 외환은행 고객이 우체국에서 은행 업무를 보면 수수료를 절약할 수 있다.

이러한 것은 우리가 정확히 인지하고 있지 않은 사소한 내용일 수 있다. 그러나 이 책이 일깨워주고자 하는 것은 단순한 재테크의 정보만이 아니라 마인드의 변화임을 잊지 마라. 이러한 작은 손실을 방지하여 소득의 작은 부분까지 지킬 수 있다면 궁극적으로 미래에 힘이 된다는 사실을 기억하고 실천하기 바란다.

시중 은행과 외국계 은행을 활용하라

당신이 우리은행 고객이라면 우리금융지주 계열사인 경남은행·광주은행과 은행거래를 할 때는 관련 수수료가 면제된다. 즉, 우리은행·경남은행·광주은행의 3자간 거래를 하면 수수료가 없다. 우리은행 고객이 경남·전남 지역을 방문할 경우에는 경남은행이나 광주은행을 이용하면 된다. 반대로 광주은행이나 경남은행 고객이 서울을 방문했을 때는 우리은행 ATM을 이용하면 수수료를 면제받을 수 있다.

요즘 이름이 바뀐 SC제일은행은 영업시간 외에도 인출 수수료나 이체 수수료가 없다. 특히 무통장 계좌인 e-클릭통장을 사용하면 인터넷 뱅킹 및 타행이체 수수료가 없다. 그러나 SC제일은행에 가지고 있는 모든 통장의 합산 금액이 10만 원 이상의 평균 잔액을 유지한다는 조건 하에서다. 그렇지 못한 경우에는 2천 원 정도의 계좌유지 수수료를 부과한다.

씨티은행 고객은 지하철 역 등지에서 볼 수 있는 각종 현금지급기를 이용하여 출금하는 경우에 수수료가 없다. 또 타행 자동화기기에서 출금할 때 역시 인출 수수료가 붙지 않는다. 시간적·금액적 제약도 전혀 없다. 즉, 아무리 늦은 시간에 아무리 큰 금액을 인출하더라도 수수료가 전부 무료라는 것이다. 이밖에 자동화기기로 이체하는 경우에는 한 달에 다섯 번까지 수수료가 면제된다. 인터넷 뱅킹을 이용한 경우 타행이체 수수료도 전혀 없다. 다만 평균 잔액을 100만 원 이상 유지해야 하며, 평균 잔액이 100만 원 미만인 경우에는 계좌유지 수수료를 지불해야 한다.

홍콩 상하이은행은 이미 전장에서 설명했으므로 참조하기 바란다. 이밖에 앞에서 이미 언급한 무통장 계좌를 사용하면 수수료를 줄일 수 있다. 수수료를 줄일 수 있는 가장 좋은 방법은 은행 업무시간 안에 은행 일을 보는 것이고, 지출에 대한 계획을 미리 세워 야간에 갑작스럽게 지출하지 않도록 하는 것이다. 가장 좋은 수수료 절약 방법은 예산에 맞춘 계획적인 지출이라는 사실을 잊지 마라.

재테크나 재정설계는 일순간에 부자가 되는 방법을 알려주는 것이 아니다. 그것은 당신의 마인드를 변화시켜 당신에게 유익한 여러 가지 정보와 방법을 습관화하고 체득화하는 것이다. 이러한 지속적인 노력이 미래를 밝혀 준다는 사실을 항시 기억하라.

6장
부부 인생의 안전 장치,
보험에 가입하라

1. 위험 대비는 재테크의 기본이다

위험 대비는 재테크의 기본이라는 인식의 전환이 필요하다. 마음자세의 변화가 재테크를 실천하는 데 가장 중요한 것처럼, 보험은 재테크에서 가장 기본이라는 사실을 인지해야 한다. 보험을 바라보는 시각과 마인드의 변화가 재테크 성공에 절대적 필요요소라는 사실을 기억하라.

보험 왜 필요한가

보험의 본질은 위험을 대비하는 것이다. 그런데 오늘날의 보험은 위험 대비에서 한 단계 발전하여 목돈 마련의 기회까지 제공하고 있다. 다음의 예를 통해 보험에 관한 선입견을 버리고, 보험의 본질 두 가지를 정확하게 이해하기 바란다.

대학 시절 보험론이라는 강의를 수강한 적이 있다. 강의 첫 시간에 교수님이 학생들에게 질문했다. '보험이란 무엇인가?' 교수님은 자동차보험을 가입한 지 20년이 조금 지났는데, 그 기간 동안 단 한 번도 자동차 사고가 나지 않아 보험의 혜택을 보지 못했다고 했다. 그렇다고 20년 동안 납부한 자동차보험료를 아까워해야 하냐는 것이었다. 만약 보험에 가입하지 않고 그동안 납부한 보험료를 20년간 모아두었다면 새 자동차를 구입할 수 있을 만큼 돈이 모였을 것이다. 학생들은 여기저기서 수군거렸다. 누구는 돈을 모아두는 것이 현명하다고 하고, 또 누구는 그래도 보험에 가입하는 것이 훨씬 안전하다고 했다.

교수님은 다시 이야기를 시작했다. 비가 억수같이 쏟아지는 날 밤, 반대편 차선에서 오는 자동차들의 전조등 불빛으로 눈이 부시고, 내리는 빗물과 뿌연 습기로 앞이 잘 보이지 않으며, 길은 내린 비로 무척 미끄러운 상태에서 횡단보도로 막 진입하는 중에, 때마침 신호등이 붉은 색으로 바뀌고, 인도에 있던 어린아이가 비를 조금이라도 덜 맞으려고 앞만 보고 재빠르게 횡단보도로 뛰어들었을 때, 그리고 자동차를 멈추기에는 너무 늦어버렸을 때, 자신과 상대방을 위해 가입해 두는 것이 보험이라고 했다.

만약에 이러한 상황에 직면한다면 어떻게 대처하겠는가? 재빠르게 브레이크를 밟아 차를 멈추겠는가? 그럴 자신이 있다고 확신할 수 있는가? 만약 차를 정지시키지 못해 어린아이에게 해를 입힐 수밖에 없었다면 어떻게 대처할 것인가?

이러한 상황에 직면하지 않을 거라고 100% 확신할 수는 없을 것이다. 이렇게 100% 확신할 수 없는 상황에 대처하기 위해 보험이 필요한 것이다. 보험이라는 제도를 이용하여 미래에 발생할지도 모르는 위험을 최소화하고 자신과 상대방을 보호하는 것이다.

보험은 일석이조의 안전 장치

교수님은 보험을 정의하고 난 후 위험의 대처 방법에 대해 다시 이야기했다. 예측하지 못한 위험에 대처하는 방법은 보험밖에 없을까? 매월 납입하는 보험료 대신 적금으로 저축해 두었다가 위험이 발생하는 시점에 적금을 해약하여 사용한다면 어떨까? 만약 위험이 발생하지 않는다면 모아둔 적금은 모두 여유 자금으로 사용할 수 있지 않을까?

그리고 나서 교수님은 칠판에 계산하기 시작했다. 1년간 내는 자동차보험료가 70만 원인데, 이것을 20년 동안 납입해서 1,400만 원이라는 계산이 나왔다. 당시 고급 중형승용차와 비슷한 가격이었다.

그리고는 이 금액으로 위험이 발생한 시점에서 모든 대처가 가능한지 물었다. 모든 수강생들이 망설이며 대답하지 못했다. 20년간 모았지만 발생 가능한 모든 위험을 대처하기에는 충분하지 않다고 생각했기 때문이다. 20년 동안 아무런 위험이 발생하지 않는다면 1,400만 원을 적립하여 다른 용도로 사용할 수 있겠지만, 20년 동안 아무런 위험이 발생하지 않을 거라고 장담할 수 없는 것이기에 수강생들이 더 고민했던 것이다.

수강생 중 누구도 선뜻 대답하지 못하고 있는데 교수님이 이야기를 시작했다. 보험료를 내는 대신 그 금액을 어딘가에 축적하여 위험을 대비하는 것이 효과적인지, 아니면 보험에 가입하여 같은 금액을 보험료로 납부하면서 미래의 위험에 대처하며 마음에 평화를 얻는 것이 더 효율적인지, 효과적인 의사결정을 내리는 방법을 이번 학기 동안 배우게 될 거라고 했다.

나는 그날의 강의를 지금까지 생생히 기억한다. 앞에서 말한 악조건 속에서 운전한다는 것은 쉽지 않을 거라는 생각과 동시에, 횡단보도에 뛰어든 아이의 행동까지 예측하며 언제나 완벽하게 운전하는 것은 불가능하다고 생각했기 때문이다. 그런 상황이 없어야겠지만 만약 생긴다면 도움을 받고 의지가 될 만한 안전장치가 절대적으로 필요하다. 결국 자신을 위한 마지노선(Maginot Line)이 필요하고, 이 마지노선으로 안정감을 확보하고 싶다는 생각과 함께 그렇게 얻은 마음의 평온함이 더 안정적인 운전을 가능하게 할 거라는 생각이 들었다. 보험에 가입함으로써 위험에 빠졌을 때 금전적인 문제를 해결하게 되고, 금전적인 문제가 해결된다고 믿는 마음에서 평온함을 얻게 되며, 이러한 평온함이 위험의 발생을 최소화 해준다.

재정설계사라는 자격증을 취득하기 위해서는 여러 과목의 시험을 통과해야 하는데, 그중에 보험설계라는 과목이 있다. 거의 모든 재정설계사가 보험의 중요성을 강조하는데, 이는 보험이 재테크의 가장 기본이기 때문이다. 왜 재정전문가들이 보험을 중시하는가? 당신이 재테크에 기울인 모든 노력이 결과를 도출하기 전에 위험에 노출되어 당신의 노력이 사라지지 않기를 바라기 때문이다.

어떤 부부가 재테크를 착실히 수행하고 있는데, 보험의 혜택이 필요한 위험한 상황이 발생한다면 그동안 준비했던 모든 것이 물거품이 될 수도 있다. 그런 상황 속에서 지속적으로 재테크를 수행할 수 있을까? 아마 재테크로 모은 목돈을 위험 제거를 위해 전부 사용하게 될 것이다. 또 앞으로 재테크에 사용해야 하는 자금 역시 위험 제거를 위해 투입해야 할지도 모른다.

보험은 이렇게 언제 어떻게 나타날지 모르는 인생의 위험한 장애물을 제거하고 방지해 주는 안전장치다. 이러한 안정장치로 마음이 든든하다면 일석이조의 효과를 보는 것이다.

장기저축 금융 상품이라는 관점에서 보라

앞에서 말한 대학 시절의 이야기가 보장성 보험에 관련된 것이라면 이번에는 금융 상품으로서의 보험, 즉 저축성 보험에 관해 살펴보자.

내 절친한 친구는 증권사의 팀장으로 주식과 재테크에 대해 많은 정보를 지닌 사람이다. 제법 많은 연봉을 받고 있었지만 목돈을 모으지는 못했다. 변액보험이 출시되고 초기 시점이었을 당시 보험사로 이직한 나를 위해 그 친구는 보험에 가입해 주었다. 가입 당시에는 전혀 도움이 되지 않았지만 친구 노릇 한번 한다며 가입해 준 것이었다.

그 후로 몇 년이 지난 지금 그 친구의 태도가 많이 변했다. 친구인 나를 위해 가입했던 상품이 몇 년이 지나자 목돈으로 둔갑한 것이다. 물론 자신의 급여 중 일부로 납입한 것이지만, 3~4년을 불입하고 나니 초기의 가입의도와는 달리 제법 미래에 사용 가능한 목적 자금 주머니로 변한 것이다. 친구는 그 상품을 잘 유지하여 큰아이의 교육 자금으로 사용할 것이라고 한다.

이 친구는 증권사 직원으로서 장기적인 상품에 가입한 적도 없고 관심도 별로 없었다. 오랜 친구를 위해 가입했던 것인데 시간이 흘러 생각했던 것보다 큰 돈이 되자 내게 고맙다고 했다. 이렇게 장기 저축 금융 상품이라는 관점에서 보험을 바라보는 시각을 가져야 한다.

초심을 유지하면 중도해지는 없다

다소 역설적일지 모르지만 보험의 장점은 초기 사업비가 많다는 것일 수도 있다. 이렇게 많은 사업비 때문에 가입자들은 원금의 손실이 두려워 은행의 적금처럼 쉽게 중도해지를 못하는 것이다. 원금 손실의 두려움 때문에 쉽게 해지할 수 없도록 만든 것이 결국 계약자로 하여금 목돈이 되는 시점까지 계약을 지속하게 하고, 이로 인해 계약자가 목돈을 만들 수 있도록 도와준다는 것이 보험의 장점이다.

보험 상품 가입 시 많은 사람들이 걱정하는 것은 중도해지 시 원금의 일정 부분을 손해 본다는 것인데 이는 아주 잘못된 생각이다. 가입 초기에는 분명 10년 동안 불입할 거라는 생각으로 시작했을 것이다. 2~3

년 후에 찾아서 사용하겠다고 생각하며 보험에 가입하지는 않을 것이다. 가입 초기의 생각을 다시 한번 되새기면 중도해지라는 걱정은 할 필요가 없다.

다만 미래를 예측할 수 없는 상황에서 굳은 의지로 가입했다 하더라도 가정에 경제적인 문제가 생기면 대부분의 사람들은 제일 먼저 보험을 해지하려고 한다. 보험을 해지한다면 그동안 불입한 원금을 보장받을 수 없어 손해를 보게 되고, 그렇다고 계속 불입하자니 가계 생활비가 부족해 문제가 생기게 된다. 보험에 대해 불만을 토로하는 사람들은 대부분 이런 점을 비판한다. 그러나 보험은 해지를 생각하고 가입하는 금융 상품이 아니라는 점을 인식하라.

실제로 불입원금 대비 보험금 수령액을 기준으로 계산해 보면 보험보다 수익이 높은 금융 상품은 드물 것이다. 불입 중간에 해지를 걱정하지 않는다면 보험 상품은 만기 시에 최고의 수익은 아니더라도 원금 손실을 걱정할 정도로 무력한 금융 상품은 아닐 것이다.

경제적 어려움 때문에 보험을 해지했는데, 그때 마침 사고나 질병으로 보험이 필요하게 되는 경우를 가정해 보자. 가뜩이나 어려운 집안의 경제 상황을 더 악화시킬 것이 분명하다.

보험은 본래 기능인 위험에 대한 보장뿐 아니라, 꾸준히 불입하면 만기에 예상했던 목돈 그 이상의 금액을 준비할 수 있으므로 목적에 맞게 잘 활용하기 바란다.

2. 한 살이라도 젊을 때 가입하라

'보험은 젊을 때 가입해야 한다'고 하면 모두 의아하해 할 것이다. 이번 장에서는 보험은 왜 일찍 가입하는 것이 좋은지 또 보험 상품은 어떻게 관리하는 것이 현명한지 알아보고자 한다.

조기 보험 가입은 왜 좋을까

젊은 시절에 보험에 가입하면 여러 가지 장점이 있다. 30세인 남자가 종신보험에 가입하는 경우와 35세 남자가 가입하는 경우를 비교해 보자. 주계약과 특약은 전부 동일한 금액을 설정하여 설계했다.

나이	보험료(월)	납입 기간	납입 총액	차액
30	311,420	10년	37,370,400	7,627,200(기간)
35	361,610	10년	43,393,200	6,022,800(나이)
30	187,490	20년	44,997,600	9,154,800(기간)
35	218,950	20년	52,548,000	7,550,400(나이)

30세에 종신보험에 가입하는 경우와 35세에 종신보험에 가입하는 경우를 비교하면 위 표와 같다. 즉, 30세 남자가 종신보험을 5년 뒤인 35세에 가입하는 경우 20년을 납입기간으로 가정하면, 약 755만 원을 더 불입해야 똑같은 종신보험의 혜택을 볼 수 있다. 겨우 5년이라는 기간 차이로 보험료를 755만 원이나 더 내야 한다면 좀더 일찍 가입하여 755만 원을 절약하는 것이 바람직하다.

여기서 755만 원이란 매월 12만5천 원씩 5년간 절약할 수 있다는 뜻이다. 또 추가적으로 알 수 있는 것은 납입기간의 차이에 따라 보험료 총액를 절약할 수도 있다는 것이다. 35세 남자가 보험료를 10년 불입하는 경우와 20년 불입하는 경우 915만 원의 차이를 보이고, 30세 남자가 불입기간을 10년으로 할 때와 20년으로 할 때를 비교하면 10년간 불입하는 경우가 약 762만 원을 덜 불입하는 것이 된다.

이처럼 젊은 시절에 보험에 가입하면 보험료를 절약할 수 있어 이익이다. 이렇게 얻은 금전적 이익으로 다른 금융 상품에 투자하면 예시에서 보여준 금액 이상의 효과를 얻을 수 있다. 이러한 점을 적극 활용하여 효과적인 재테크를 하려면 좀더 일찍 보험에 가입해야 한다.

보험에 조기 가입하면 좋은 점 중 하나가 싼 보험료를 낼 수 있다는 것이다. 보험료는 통상적으로 거의 매해 또는 2년에 한 번 정도 오르는데, 위의 예처럼 5년만 일찍 가입한다고 해도 두세 번의 보험료가 오르기 전의 금액으로 보험에 가입할 수 있다.

최근 몇 년간의 예를 들면, 2005년 4월과 2006년 4월에 보험료가 많이 인상했는데, 만약 2004년에 보험에 가입했다고만 해도 20% 정도 적은 금액으로 보험에 가입할 수 있었다는 것이다. 이러한 보험료의 차액에 납입기간을 곱해 총액을 계산하면 그 금액은 결코 적지 않다는 것을 알 수 있다. 앞으로도 이와 비슷한 보험료 인상을 경험하게 될 것이므로 가능한 한 좀더 일찍 보험에 가입하여 누릴 수 있는 금전적 혜택을 꼭 누리기 바란다.

또 다른 장점은 젊을 때 보험에 가입하면 오랫동안 보장받을 수 있다는 것이다. 즉, 30세에 보험에 가입하고 80세까지 산다면 50년 동안 보험의 혜택을 받는 것이고, 35세에 가입하면 45년간만 보험의 혜택을 받는 것이다. 따라서 젊은 시절에 가입하면 조금 더 저렴한 보험료로 더 많은 시간을 보장받게 된다.

마지막으로 보장의 정도나 보장 범위가 달라질 수 있다. 암보험의 예를 들어보자. 보험사의 암보험은 손익 문제로 보험료가 오르고 있는 상황이며, 암보험을 판매하는 회사도 점차 줄어들고 있다. 따라서 지금 가입하면 보장과 동시에 암 발생 시 더 큰 금액을 받을 수 있을지도 모른다. 앞으로는 암 발병률이 높아져 암을 보장하는 보험 상품이 없어질 수도 있을 뿐 아니라, 암에 관해 현재보다 더 적은 금액의 보장에 더 비싼 보험료를 내게 될 수도 있다.

젊은 시절에 보험에 가입하면 여러 가지 혜택이 있다는 점을 기억하여, 지금이라도 자신에게 필요한 보험이 무엇인지 생각해 보고 조금이라도 빨리 보험에 가입하도록 하라.

보험 상품, 제대로 알고 가입하라

재정 컨설팅을 하느라 의뢰인들의 보험을 검토하다 보면 의뢰인의 가입 의도를 알 수 없는 저렴한 보험 상품을 흔하게 볼 수 있다. 어떤 경우는 보장 나이가 적고, 어떤 경우는 일어나기 힘든 상황에만 한정하고 있다. 물론 그런 보험 상품은 보험료가 적어 가계 소득에 커다란 영향을 주지는 않겠지만, 그런 조그만 보험의 보험료를 전부 합한다면 결코 적지 않은 금액이 될 것이다. 그 합한 금액을 집안 재정의 다른 용도로 사용한다면 나름대로 가계에 도움이 될 수 있을 것이다. 납입금액이 적다고 아무 생각 없이 가입할 것이 아니라, 자신에게 필요한 상품을 찾아서 원하는 목적에 맞게 가입해야 한다.

이렇게 아무런 생각 없이 보험에 가입하는 사람들에게서 공통적으로 발견되는 또 다른 특징은 자신이 가입한 보험의 보장 내용을 잘 모른다는 것이다. 보험 가입 시점에 설명을 들었으나 내용을 기억하지 못한다는 사람도 있고, 가입 당시부터 내용에 상관없이 보험설계사의 말대로만 가입해서 상품의 내용이 무엇인지 전혀 모르는 사람도 있다. 필요에 의해 보험에 가입한 경우라면 가입내용 정도는 최소한 검토했을 것이다. 보험은 자신과 가족을 생각해서 가입하는 것이지 남을 위해 가입하는 것이 아니므로, 가입 당시 상품에 대해 가능한 한 완벽하게 인지해야 한다.

특히 종신보험이나 건강보험에 가입하는 경우라면 특약에 대해 자세히 검토하여 내용을 충분히 인지해야 한다. 특약 중에도 특히 질병 또는 건강, 그리고 입원과 수술에 관련된 특약은 자신에게 적합한지 보장은 충분한지 등을 확인하고 가입해야 한다.

간혹 내용도 정확히 알지 못하면서 보험에 많이 가입한 사람을 상담하는 경우가 있다. 보험은 무조건 많이 가입했다고 좋거나 안심할 수 있는 것이 아니다. 자신에게 꼭 필요한 보험을 선택하여 적절히 가입해야 안심할 수 있는 것이다. 특히 보험료 납입금액은 총 소득액을 기준으로 하여 일정 비율로 정할 필요가 있다. 일반적으로 보장성 보험료는 가계 소득의 8% 이하가 적당하므로 월 보험료의 납입 상한선을 8~10% 정도로 정하여 설계하는 것이 좋다.

보험에 가입하고 납입을 완료했다고 해서 더 이상 동종 보험이 필요 없는 것은 아니다. 시대가 발전함에 따라 보험 상품도 발전하게 된다. 여러 가지 사회적 발전은 보험 가입자로 하여금 새로운 보험의 필요성을 창출하기도 한다.

비전문가들은 어떤 점을 보완해야 좀더 충실한 보장을 받게 되는지 모르는 경우가 많으므로 예를 들어 보겠다. 만약 10년 전에 가입한 암 보험이나 건강보험을 이미 완납했다면 대부분의 사람들은 더 이상 암

보험이나 건강보험이 필요 없다고 생각할 것이다. 그러나 이런 보험을 검토해 보면 60세 또는 65세까지만 암이나 특정 질병을 보장하는 경우를 발견할 수 있다. 평균 수명이 80세라는 것을 고려한다면 65세까지만 보장되는 건강보험은 향후에 아주 커다란 문제가 될 수도 있다. 65세 이후에는 무조건 암이나 질병에 걸리지 않고 살아야 하기 때문이다.

이런 경우를 방지하려면 80세까지 암이나 질병이 보장되는 새로운 보험에 가입해서 보장기간을 늘려야 한다. 이것이 바로 '보험의 리모델링'이다. 보험의 리모델링이 필요한 경우에는 기존 보험을 잘 살피고 검토하여 부족한 부분의 보장을 확대하거나 보장기간을 적절히 연장해야 한다. 이제 충분히 알았으니 여러 가지 사항을 고려하여 자신에게 맞는 보험에 가입하라.

신혼부부, 보험 리모델링은 꼭 필요하다

결혼을 앞두거나 막 결혼한 사람이라면 두 사람이 가지고 있는 보험을 한 번쯤 점검해 볼 필요가 있다. 두 사람에게 보장이 적절한지, 중복되는 것은 없는지, 또 결혼 전과 달리 가정을 이루고 있는 사람으로서 책임을 다할 수 있는지 등 여러 사안을 고려하는 차원에서 보험을 리모델링해야 한다는 것이다. 특히 가정의 주체임을 기억하여 가정을 안락하게 지킴과 동시에 노후 준비를 시작해야 한다.

건강보험

암·질병, 입원 등과 관련하여 세부 항목의 보장금액을 확인해야 한다. 건강보험은 종신보험의 특약과 함께 살펴보는 것이 바람직하다.

종신보험

종신보험의 경우 주보장금액을 확인하여 부부가 보장금액에 관해 합의한 후 결정하는 것이 좋다. 특히 남편은 이제 가장으로서 책임감을 지녀야 한다. 만약 맞벌이 부부라면 두 사람 모두 가정의 기둥인 점을 고려하여 아내도 주보장금액의 조정이 꼭 필요하다는 점을 잊지 마라. 이러한 결정은 두 사람이 서로 상의하여 결정하는 것이 바람직하다. 이러한 대화를 통해 자신이 상대방에게 어떠한 존재 가치가 있는지 다시 한번 생각해 볼 수 있다. 종신보험 관련 특약은 기존의 건강보험을 대체할 수 있는지 여부와 현재 특약을 통해 건강보험의 보강이 가능한지 여부를 확인해야 한다.

연금보험의 가입과 납입금액 결정

모든 보험이 그렇겠지만 연금보험은 불입기간과 거치기간이 분명한 보험이다. 즉, 조기에 납입하기 시작해 거치기간을 오랫동안 유지하면 같은 금액과 같은 납입기간이라 하더라도 연금 개시 시점에 연금 지급 재원의 크기가 더 커진다는 점을 고려해야 한다. 적은 금액이라도 지속적으로 장기간 납입하고 장기간 거치하는 것이 더 중요하다는 점을 기억하라.

화재보험 상품

화재보험은 보험료도 저렴한 편이고, 실손 보상이라는 장점이 있는 상품이다. 그러나 화재보험 상품은 다수의 상품을 가입했다고 더 많은 보상금액을 제공받는 것이 아니다. '실손 보상급부의 비례보상'이라는 제도가 있어 실손 보상금액만큼의 보험금액을 몇 개의 가입사가 나누어 지급하는 것이다.

예를 들어, A라는 사람이 B사와 C사에 상해보험을 가입하고 얼마 후에 상해를 당해 200만 원의 치료비가 발생했다고 하자. 그때 B사와 C사는 각각 100만 원씩의 보험금만을 지급한다. 많은 사람들이 오해하는 부분이 바로 이점이다. 사람들은 A라는 사람이 보험금을 B사에서 200만 원, C사에서 200만 원 지급받아 총 400만 원을 받을 거라고 생각하지만, 실손 보상 상품은 각각의 회사에서 비율만큼의 보험금을 지급해 총 치료비 200만 원을 맞추어 지급한다. 이러한 상품의 특성 역시 부부가 보험 리모델링 시 고려해야 하는 중요한 사항이다.

보험 리모델링 시 고려 사항

모든 재정 컨설턴트들이 보험 리보델링 시 가장 기본적으로 하는 것이 보장의 적절함을 파악하는 것이다. 보장이 너무 불충분하여 정작 필요한 시기에 제대로 보장받지 못하는 것도 문제지만, 반대로 보장이 지나쳐 과보장되는 경우도 흔히 볼 수 있다. 보장이 충분하지 못하면 보강하고 과보장되어 있는 경우에는 납입을 중지하거나 해약하여 다른 금융 상품에 활용하는 것이 바람직하다. 일반적으로 보장성 보험은 가계 수입의 8% 정도가 적절하다. 다소 넘거나 모자라더라도 보장 자체에 문제가 없는 경우라면 추가로 보험에 가입할 필요는 없다. 좀더 정확한 것은 관련 전문가와 상담을 통해 부부가 함께 결정하는 것이 좋다.

변액유니버셜보험

변액유니버셜보험은 원어로 'Variable Universal Life Insu-rance'다. 이것을 풀어 보면 어떤 보험인지 정확히 이해할 수 있다. 우선 'Variable'을 보자. 사전적 의미로는 '일정하지 않은, 변경할 수 있는'이라는 뜻이다. 변액 보험은 확정된 보험금을 지급하는 대신 납입 보험료의 일부를 주식 등에 투자하여 투자 성과에 따라 변동된 보험금을 지급한다는 것이다.

'Universal'의 뜻을 살펴보자. 일반적으로 '우주의, 보편적인, 전 세계'라는 뜻이 있지만, 사전의 하단부를 자세히 보면 '다방면의, 만능의'라는 뜻이 있다. 즉, Universal이란 여러 가지 기능을 포함하고 있다는 뜻이다. 어떤 효율적인 기능이 있는지 알아보자.

납입 중지 기능

회사마다 다르지만 18~24개월 납입 이후 필요 기간만큼 납입을 중지할 수 있는 기능이 있다. 기존 보험이 2개월 동안 납입이 중지되면 실효가 발생하여 보험기능을 가지지 못하는 것과는 매우 차별화 되는 효과적인 보험이다.

중도 인출 기능

변액보험이 아닌 기존 보험은 갑자기 돈이 필요하더라도 약관 대출이외에는 자기 돈을 사용할 수 있는 방법이 없었다. 그러나 변액보험은 중도 인출이 가능해 중도에 해약 환급금의 50% 정도를 필요에 따라 인출할 수 있으므로 갑작스런 어려움을 극복할 수 있다는 장점이 있다.

비과세 기능

거의 모든 보험 상품이 그렇지만 10년을 유지하면 비과세다. 그러나 변액보험은 주식 등 투자 상품에 투자하는 보험으로, 수익률이 높은 경우에도 과세를 전혀 받지 않으므로 고객에게 많은 혜택이 돌아갈 수 있다.

연금 전환 기능

일정 시점에서는 계속 보장받기보다 연금으로 수령하는 것이 나을 경우가 있는데, 연금으로 전환이 가능하므로 필요에 따라 선택하면 된다.

위험 회피 기능

회사마다 다소 차이는 있지만 변액보험의 경우는 엄브렐러(Umbrella)형 펀드 형태를 유지하고 있다. 일반 증권사나 은행 등에서 가입하는 펀드는 수익이 하락하는 국면에서 위험을 회피하려면 펀드를 환매하는 것이 일반적이다. 그러나 변액보험은 원래 모 펀드 하부에 몇 가지 자 펀드를 유지하고 있다. 그중에 채권형 펀드나 해외형 펀드를 포함하고 있어 국내 증시가 하락하는 시점에 납입된 목돈은 채권형 및 해외형 펀드 등으로 이전하여 주가 하락에 대비한다. 그리고 기존에 불입하던 금액은 주가 하락 시에 더 싼 가격으로 주식을 지속적으로 매입함으로 위험에 대비하여 수익을 증가시킨다. 또 변액연금의 경우에는 주식시장 하락으로 원금의 손실을 가져온 경우라도 연금 전환 시점에 연금 지급 재원으로 원금 손실 부분을 보상하여 원금은 보장해 주는 제도를 가진 상품이 있으므로 변액연금 가입 시 꼭 확인하고 가입해야 한다.

마지막으로 'Life Insurance'는 생명보험이란 뜻으로 기존의 보험과 같은 효과를 지니고 있다는 뜻이다. 즉, 변액보험은 기존 보험에서 좀 더 진보한 보험으로, 보험의 원래 기능인 보장을 실현하고 동시에 보험료의 일부는 주식 등에 투자하는 등 여러 가지 기능을 포함하고 있어 소비자에게 편리함을 제공한다.

3. 연금으로 노후를 준비하라

　　노후 준비는 재테크 및 재정설계의 최종 목표다. 당신이 앞으로 경험하게 될 사회는 노후라는 점에서 지금과 판이하게 다를 것이다. 노후 준비를 도와주는 최고의 상품은 연금이다. 최근 신문 기사를 보면 젊은 사람들이 입사와 동시에 노후를 준비한다고 한다. 또 30대부터 노후를 준비하지 않으면 노후에 가서 문제가 발생할 수 있다는 기사도 자주 눈에 띈다. 나는 이러한 인식이 젊은 세대들 사이에 많이 퍼지기를 바란다. 젊은 시절에 노후 준비를 시작해야 한다는 인식의 전환이 결국 당신의 미래를 준비하게 만드는 원동력이 되기 때문이다.

은퇴 이후의 노후를 준비하라

연금을 준비해야 하는 이유에는 여러 가지가 있지만 그중 가장 큰 이유는 노후 기간이 길어졌다는 것이다. 2002년 우리나라의 평균 수명은 77세로 1991년 71.7세에 비해 5.3세 늘어났다. 2020년에는 평균 수명이 81.0세, 2030년에는 81.9세로 늘어날 것으로 예상하고 있다. 이렇게 평균 수명이 길어졌다는 것은 은퇴 이후 또는 노후라고 불리는 기간이 길어졌다는 뜻이다. 노후 기간이 길어졌다는 것은 준비를 더 많이 해야 한다는 뜻이기에 연금의 준비가 필요하다.

또 은퇴 이후 길어지기만 하는 노후를 언제부터 어떻게 준비해야 하는지가 가장 중요한 사안이다. 앞에서 이야기한 것과 같이 요즘은 사회에 막 진출하는 젊은 세대들조차도 은퇴 이후를 준비한다. 은퇴 준비에 필요한 자금은 당신이 생각하는 것 이상으로 많다는 사실을 꼭 기억하라. 최대한 빨리 준비하기 시작하여 충분한 노후 자금을 준비할 수 있는 시간을 가져야 한다. 식사비용을 예로 들어 필요 자금을 계산해 보고, 얼마 동안 준비해야 하는지 표를 통해 확인해 보자.

55세 은퇴 이후 80세까지의 식사 비용

한 끼 식사 값	부부 식사	하루 식사	한달 식사	1년 식사	25년 식사
4,000원	8,000원	24,000원	72만 원	864만 원	2억1천6백만 원

은퇴 이후 식사로 지출되는 비용만 약 2억1천6백만 원이다. 현재 나

이가 35세이고 55세가 정년이라고 가정하면 일을 하고 급여를 받을 수 있는 기간은 20년이다. 그러면 20년간 얼마나 되는 금액을 준비해야 위 표에서 언급한 식비를 충당 가능한지 계산해 보자.

매월 준비 금액 계산

준비 기간	필요 금액	비고
20년	2억1천6백만 원	
연간 준비금액	천8십만 원	2억1천6백만 원 / 20년
월간 준비금액	90만 원	천8십만 원 / 12개월

표에서 계산한 것과 같이 20년 동안 매월 90만 원을 저축해야만 은퇴 이후 25년간 식사를 할 수 있다는 것이다. 이 계산은 이자율이나 수익률 등의 수익적인 면을 고려하지 않았으며, 반대로 인플레이션이라는 비용적인 면도 고려하지 않은 단순 계산이다. 여기서 이야기하려는 것은 수학적 정확도를 주장하는 것이 아니라, 당신이 막연히 생각하는 필요 자금보다 더 많은 자금이 은퇴 이후에 소요된다는 것이다.

연금은 안전한 노후의 필수

이제 막 사회에 진출한 사람이나 결혼하여 신혼의 단꿈을 꾸는 사람들에게 노후 준비에 대해 이야기하는 것은 다소 생소할 수 있으나, 노후 준비는 지금부터 시작해야 한다. 연금은 안정적인 노후 생활을 위해 일정 금액을 미리 준비하는 금융 상품이다. 이러한 상품에는 연금보험과 연금저축 등이 있으며, 가장 큰 차이점은 적격 연금이냐 비적격 연금이냐 하는 것이다.

8장에서 좀더 자세히 다루기로 하고 여기서는 적격과 비적적의 차이를 아주 간단히 언급하겠다. 적격 연금은 소득공제를 받는 상품으로 나중에 꼭 연금으로 수령해야 하고, 연금으로 수령하지 않는 경우에는 일종의 벌금으로 높은 세율의 세금을 내야 한다. 연금으로 수령한다고 해도 향후 연금 총 수령액을 기준으로 세금을 내는 상품이다. 반면 비적격 연금은 소득공제는 받지 못하지만 10년이 지나면 비과세 혜택을 받는 상품이라는 점만 기억하자.

연금에 가입할 때 고려해야 하는 중요 요소는 연금 상품의 납입기간과 거치기간이다. 오랜 기간 납입하고 거치기간을 늘려 연금 수령 시점까지 오래 기다릴수록 더 많은 연금 수령액을 받을 수 있다. 연금의 목적은 연금 수령액을 늘려 편안한 노후를 준비하는 것이다. 연금 수령액을 늘리기 위해서는 연금 불입액을 증대하면서 불입기간을 장기간으로 하고, 불입 완료 후에는 연금 재원 운영기간인 거치기간을 늘려야 한다.

일부 대기업을 제외하고는 퇴직금으로 노후를 살아가는 것은 불가능하다. 최근 우리나라 대부분의 기업이 연봉제를 시행하여 1년마다 퇴직금을 정산해 주는 시스템을 채택하고 있다. 그래서 대부분의 근로자들이 연말이나 연초에 지급되는 퇴직금을 마치 신설된 보너스인 양 생각하는 풍조가 생겨났다. 이렇게 퇴직금을 미리 받아 소비하는 관계로 퇴직금은 이미 노후를 준비할 수 있는 자금으로서의 역할을 상실하고 있다. 아마도 퇴직 시점에 수령할 퇴직금이 없는 사람도 많을 것이다. 이런 사회적 현상으로 개인의 연금 준비는 그 어느 때보다 더 절실히 필요한 상황이다.

현재 당신이 불입하는 개인연금 재원이 미래의 생활을 좌지우지하게 될 것이다. 회사가 지급하는 퇴직금이나 정부가 지급하는 국민연금만으로는 안락한 노후를 보낼 수 없다는 사실을 인지하고, 새로운 인생 계획안에 연금 준비도 포함시켜야 한다.

특히 여러 금융기관의 연금 상품 중에는 연금 지급기간을 정하고 있는 상품이 많은데, 이때 지급기간이 종신 연금 형태인지 검토하는 것이 좋다. 물론 5년이나 10년의 단기간 동안 많은 금액을 수령하는 것도 좋겠지만, 지금처럼 평균 수명이 지속적으로 연장되는 현실을 감안한다면 여명이 다하는 순간까지 종신토록 지급되는 연금에 가입하는 것이 좋다.

연금보험, 효율적으로 가입하라

가능하면 변액연금에 가입하라

일반 연금에서 제시하는 예정이율보다 수익률이 높기 때문에 변액연금에 가입하라는 것이 아니다. 수익률이 비슷하더라도 미국처럼 증권시장이 활성화 된 경우 일반 연금에 가입하여 혜택을 전혀 받지 못하는 것보다는 그래도 혜택을 받는 것이 낫다는 생각으로 가입하라는 것이다. 또 증권 시장이 예측만큼 좋지 않더라도 원금이 보장되는 상품이라 원금 손실은 발생하지 않는다. 다만 회사에 따라 원금 보장 기준이 100%가 아니라 70~80%인 경우도 있으니 잘 살펴보고 가입해야 한다.

조기 가입은 좀더 많은 연금 재원의 근간이 된다

변액연금처럼 주식시장에 편입되는 연금은 조기 가입 시 이자율의 효과 이상으로 주식 매입비용을 하향 평준화하여 매입 단가를 낮춰 수익률을 높일 수 있으므로 조기에 가입해 꾸준히 납입할 필요가 있다. 조기에 납입하여 거치기간을 늘리면 연금 수령액이 더 많아진다는 것을 기억하라.

노후에 필요한 자금을 계산하여 납입금액 규모를 정하라

연금보험을 가입하지 않는 것보다는 가입하는 것이 좋겠지만, 그렇다고 납입금액을 너무 적게 설정하면 '이 정도로 노후에 뭐가 도움이 되겠는가.' 하는 생각에 중도해지하게 된다. 아니면 총 납입 원금이 너무 적어 연금으로 수령해도 도움이 되지 못한다. 그래서 그런 일이 발생하지 않도록 필요한 자금을 미리 계산하라는 것이다.

종신형 연금 확인이 필요하다

연금 상품 중 은행과 증권사에서 가입하는 상품은 소득공제가 되는 대신 비과세가 안 되거나, 연금 수령기간이 5년 · 10년 · 15년 · 20년으로 연금 지급기간이 정해진 상품일 것이다. 이 점의 확인이 매우 중요하다. 연금은 수입이 없는 노후에 생활의 보조자 역할을 하라고 가입하는 것이다. 그런데 연금이 55세부터 75세까지만 지급된다고 하면 85세까지 산다고 가정할 때 76세부터 85세까지의 10년간은 생존의 위협을 받거나 생활의 보조자를 잃어버린 상태에서 살아가야 한다는 것이다. 따라서 연금 상품에 가입할 때는 종신형 연금인지 반드시 확인하고 선택해야 한다.

4. 생활과 직결된 자동차보험

모든 보험이 다 필요한 것이기는 하지만 자동차보험은 꼭 필요한 보험인 동시에 강제적 성격을 띠는 보험이다. 1980년대 이후 자동차가 보편화 되면서 차량 등록대수가 1,500만 대를 넘어 선지 오래다. 그중 100만 대 정도는 무보험 차량이라고 하니 큰 문제가 아닐 수 없다. 아직도 적지 않은 운전자들이 자동차보험의 필요성을 느끼지 못하고 있는 만큼 정부가 교육을 더 강화하여 자동차보험의 필요성을 인식시킬 필요가 있다. 현재 우리나라의 자동차 관련 강제적 보험 사항이 책임보험이기 때문에 자동차보험의 필요성을 인식하지 못하는 100만 운전자들이 책임보험만 가입하고 있는 것이다.

자동차보험 왜 가입하나

당신이 자동차종합보험에 가입했다면 우선 형사상의 책임을 면할 수 있다. 교통사고가 발생하면 사고를 낸 운전자는 당연히 해당 법률에 따라 형사 처벌의 대상이 되지만, 알다시피 대부분의 교통사고는 의도적인 것이 아닌데다 대량으로 반복된다는 특성이 있다. 이러한 이유로 사고를 낸 운전자의 형사 처벌을 면제해 주는 교통사고 처리 특례법을 정부가 적용하고 있어 형사상의 책임은 면하게 된다.

자동차종합보험에 가입하여 형사상의 책임을 면할 수는 있지만 중앙선 침범, 음주운전, 과속, 신호위반 사고 등 10대 중과실 사고나 뺑소니, 사망사고는 자동차종합보험에 가입하더라도 형사상 책임을 면할 수 없다.

종합보험에 가입하면 민사상 발생하는 손해배상 책임은 보험회사가 부담하게 되므로, 가해자는 사고로 발생하는 경제적 손실에 대한 책임을 피할 수 있다. 가해차량 운전자가 모두 책임져야 하는 것을 생각할 때 이런 점은 무보험 차량의 가해자와 상반되는 상황이며, 이런 점 때문에 자동차종합보험에 가입하는 것이다.

다른 보험도 마찬가지겠지만 자동차보험에 가입할 때는 보험료가 싼 것보다는 보장이 확실한 것에 가입하는 것이 좋다. 그렇다고 보험료가 싼 보험은 무조건 나쁘고 보험료를 많이 낸다고 좋은 보험이라는 것은 아니다.

같은 보상 조건을 가진 경우라면 당연히 보험료가 저렴한 상품이 좋은 보험이다. 다만 너무 보험료에만 치중하여 적절하지 못한 보험에 가입하는 것은 지양해야 한다는 것이다. 자동차보험에 가입하는 것은 보험사를 선택하여 가입하기보다는 보험의 종목과 특약 조항을 중심으로 선택해서 가입하는 것이 바람직하다. 그러기 위해서는 각각의 조항을 충분히 검토한 후 가입해야 한다.

자동차보험, 확실히 알자

자동차에 관련된 보험은 크게 자동차보험과 운전자보험으로 나눌 수 있는데, 이 두 가지 보험을 좀더 자세히 알아보자. 우선 자동차보험은 타인의 차량과 타인의 상해를 중심으로 보장하는 보험이고 강제적 보험인데 반해, 운전자보험은 운전자 본인을 중심으로 보장하며 선택적 보험이라는 차이가 있다.

자동차보험은 담보 종류로 분류된다

- 차량담보(차량보험): 자동차의 충돌·접촉·추락·전복 등 우연한 사고로 직접 손해를 담보한다. 담보란 보상과 같은 의미다.
- 대인배상담보(대인배상보험): 운전 중의 사고로 자동차 외에 타인의 사상으로 인한 손해에 대한 배상금을 전보한다(타인의 사고를 보상해 주는 것을 의미한다).
- 대물배상담보(대물배상보험): 운전 중의 사고로 타인의 재물을 멸

실·훼손 또는 오손했을 때 법률상의 손해배상 책임으로 지급한 배상금을 전보한다. 이상의 세 가지 담보 종류는 자동차종합보험으로서 일괄계약으로 인수하고 있다(타인의 재산에 손해를 입힌 경우의 보상).

- 상해담보(상해보험): 운전자나 탑승자가 우연한 사고로 사상했을 때의 손해를 전보하는 것으로, 운전자만을 대상으로 하는 운전자보험과 운전자를 포함하여 탑승자 전원을 대상으로 하는 탑승자상해보험의 2종의 계약방법이 있다(운전자 및 동승자의 보상).

운전자보험

운전자보험은 자동차보험과 완전히 다른 성격의 보험으로, 운전하는 본인을 보호하는 보험으로 타인의 차량과 타인의 상해에 대해서는 보장하지 않는 것이 일반적 특성이다.

앞에 언급한 것과 같이 10대 중과실 사고나 뺑소니, 사망사고의 경우는 자동차종합보험에 가입하더라도 형사상 책임과 행정적 책임을 면제받을 수 없다. 그러나 운전자보험은 10대 중과실 사고를 포함하여 자동차 사고 유형에 따라 형사합의가 필요한 경우 자동차보험으로는 처리가 불가능할 때 이를 해결해 주는 보험이라 보면 된다. 자동차보험과 운전자보험을 비교하여 도표로 만들면 다음과 같다.

자동차보험 vs 운전자보험 보상 비교표

구분	자동차보험	운전자보험
자동차 사고로 타인 상해 시	대인 I 대인 II로 상대방 보상	없음
자동차 사고로 상대방 재물피해 시	대물 보상: 보험가입 한도액 보상	없음
자동차 사고로 본인이 상해 시	사망 시: 1,500만 원 (과실비율에 따라 지급)	사망 시: 약정금액(1억~1억5천만 원) 과실에 상관없이 지급
	부상 시: 본인 100% 과실 시 지급	부상 시: 치료비 지급 (과실에 상관없이 지급)
	후유장해 시 : 최고 1,500만 원(과실비율에 따라 지급)	후유장해 시: 약정금액(5천만~2억 원) 과실에 상관없이 지급
형사 책임	없음	벌금: 약정 금액(최고 2,000만 원) 보상
	없음	형사합의 지원금 최고 5,000만 원 (약정)보상
	없음	변호사 비용 500만 원 (약정)보상
부가서비스	긴급출동 서비스	입원 시 임시생활비, 면허 정지·취소 위로금, 자동차보험 할증 지원금, 견인비용, 교통사고 처리비용 보상
기시 환급금	미지급(소멸성 보험)	지급(저축성 보험)
강제성	국가에서 지정한 강제 보험(대인배상 l)	선택 보험

앞에서 언급한 내용은 자동차보험의 전반적인 내용으로 자동차보험을 왜 가입해야 하는지 이해하는 데 도움이 될 거라 생각하여 기술한 것이다. 그러면 어떻게 자동차보험의 보험료를 줄일 수 있는지 알아보자.

자동차보험료를 최소화할 수 있는 방법

- 보험사별로 보험료의 차이가 있으니 가입하기 전에 꼭 차이를 비교하라.
- 평상시에 교통 법규를 위반하지 마라.
- 운전자를 부부 한정 특약 등과 같이 선택하여 가입하라.
- 보험료 납입은 분납보다 일시납으로 하라.
- 에어백, ABS, 자동변속기 및 도난방지장치를 설치하라.
- 외국에서 자동차보험 가입 경력이 있다면 증빙서류로 제출하라.
- 부부가 각각 자동차를 소유하여 두 대 이상이라면 보험증권을 하나로 통합하라.

온라인으로 자동차보험 가입 시 유의 사항

온라인 직판 자동차보험은 비용 면에서 가입자에게 커다란 장점을 제공하고 있다. 이러한 장점을 유지하기 위해 가입할 때 몇 가지 유의 사항을 확인하자.

가입 조건으로 보험료 비교

각종 매체를 통해 온라인 직판 상품의 보험료가 싸다고 하지만, 기존 오프라인 보험 상품과 반드시 가격을 비교해야 한다. 물론 각 회사 사이트상의 보험료 비교도 필요하다.

전국적 보상 체계 확인

장기간 자동차보험 영업을 해온 회사에 비해 온라인 보험사는 아직 전국 단위의 영업을 활성화하지 않고 있기 때문에 보상 체계가 다소 미흡할 수 있다.

가입이 제한적이다

연령 및 차종 보험 가입기간에 따라 보험 가입이 제한적이다.

- 현대하이카다이렉트 자동차보험
  http://www.hicardirect.com
- 이유다이렉트 자동차보험
  http://www.eyoudirect.co.kr
- 다음다이렉트 자동차보험
  http://www.daumdirect.co.kr
- 신동아카네이션 자동차보험
  http://www.carnation.co.kr
- 동부화재다이렉트 자동차보험
  http://www.directdongbu.com

5. 보험의 또 다른 혜택, 보험료 공제

보험료 공제란 소득세의 과세표준소득을 계산하기 위해 소득금액에서 보험료로 지급된 금액을 공제하는 것이다. 보험료 공제에는 종합소득에 대한 연금보험료 등의 일반 공제와 근로소득에 대한 보험료 등의 특별 공제가 있다.

이제 당신의 최대 관심사인 납입한 보험료로 연말정산에 얼마나 소득공제를 받을 수 있는지 알아보겠다. 이전에도 언급했지만 소득공제는 자신의 소득을 증대시키는 효과가 있으므로 최대한 활용하기 바란다. 보험에서 연말정산되는 항목은 다음과 같다. 보험 항목별 공제 한도액을 잘 검토하기 바란다.

건강보험료, 고용보험료
자신이 납입한 보험료 전액이 공제된다.

보장성 보험료

- 공제요건: 기본 공제대상자를 피보험자로 하는 보험으로, 만기에 환급되는 금액이 납입 보험료를 초과하지 않아야 한다.
- 공제금액: 연간 100만 원 한도(2002년까지는 연간 70만 원이었다)

장애인 전용 보장성 보험료

- 공제요건: 기본 공제대상자 중 장애인을 피보험자나 수익자로 하는 보장성 보험으로 장애인 전용 보장성 보험의 보험 계약
- 공제금액: 연간 100만 원 한도(보장성 보험과 중복 공제 안 됨)

연금저축

- 공제요건: 법에 정한 금융기관에서 가입, 만 18세 이상 가입 가능, 저축 불입기간이 10년 이상(최소 10년), 매월 100만 원 또는 3개월마다 300만 원의 범위 안에서 납입할 것, 만 55세 이후부터 5년 이상 연금으로 지급받는 저축일 것, 근로자 본인 명의의 저축일 것
- 공제금액: 연간 300만 원 한도

개인연금저축

- 공제요건: 2000년 12월 31일 이전에 개인연금저축에 가입한 경우
- 공제금액: 납입한 금액의 40%를 연간 72만 원 한도로 규정

보장성 보험료는 피보험자에 관계없이 근로자 자신이 납입한 경우에

는 소득공제가 가능하지만, 개인연금의 경우에는 근로자 자신의 명의만 소득공제가 가능하다. 이 문제로 간혹 혼동하는 사람들이 있는데 이번 기회에 정확히 알아두기 바란다.

개인연금저축과 연금저축의 소득공제를 구분하면 다음과 같다.

공제요건

- 소득자 본인 명의로 가입한 경우에만 공제된다.
- 배우자 명의로 가입한 개인연금저축의 불입금액은 공제받을 수 없다.

개인연금저축과 연금저축의 소득공제 비교표

	개인연금저축	연금저축
가입기간	2000.12. 31 이전 가입자	2001.1.1 이후 가입자
가입대상	만 20세 이상의 국내 거주자	만 18세 이상의 국내 거주자
납입금액	분기마다 300만 원 범위 내	분기마다 300만 원 범위 내
납입기간	10년 이상	10년 이상
소득공제	가능	가능
비과세	혜택 없음	혜택 없음
소득공제 금액	72만 원	300만 원

개인연금저축 VS 연금저축

연금저축은 앞에서 설명한 것과 같이 1년에 300만 원까지 소득공제가 되지만 연금 수령 시 세금을 내야 한다. 또 연금 수령 이외의 목적으로 활용 시에는 원금과 이자에 대해 22%의 세금을 부과한다. 반면 개인 연금저축은 불입하는 기간 동안은 소득공제 혜택이 크지 않지만 10년이 지나면 연금 수령이든 목돈 수령이든 모두 비과세가 되는 상품이다.

보험의 필요성과 저축이라는 관점에서 보는 금융 상품으로서의 보험, 그리고 보험의 종류와 관리 방법에 대해 알아보았다. 보험의 새로운 면을 발견하고, 앞으로 보험을 어떻게 가입하고 관리해야 하는지 정확히 이해했기 바란다.

주식투자, 재테크 안테나를 세워라

1. 주식투자, 이제는 필수

내가 금융업에 종사하면서 알게 된 것 중 하나가 주식에 투자하는 것이 위험하다고 느끼는 사람이 의외로 많다는 것이다. 왜 이렇게 많은 사람들이 주식투자를 위험하다고 느끼는 것일까? 그 이유는 간단하다. 많은 사람들이 주식으로 큰 돈을 손해 보았기 때문이다. 또 직접 투자해서 돈을 잃지는 않았지만 주변 사람들이 주식으로 돈을 잃는 것을 보고 주식투자를 두려워하게 된 것이다. 이러한 이유 때문에 주식투자가 위험하다고 생각한다면 그나마 다행이다. 주식을 조금 투자해 보고 손쉽게 수익을 얻은 사람들은 이와 반대로 자신이 워렌 버핏이라도 된 것인 양 주식시장을 전부 이해했다고 생각한다. 그러고는 마구잡이로 투자하여 나중에는 자신이 감당하기 어려울 정도로 크게 손실을 입는 경우가 많다.

주식투자는 정말로 위험한가

주식시장에서 실패하지 않으려면 경제와 금융시장을 이해하기 위해 부단히 노력하고 공부해야 한다. 또 하락장 상승장과 같은 시장 변동 속에서 자신의 투자 철학을 관철시키는 의지와 인내심이 필요하며, 투자기업의 가치를 분석할 줄 아는 능력이 필요하다.

그런데 대부분의 사람들은 이러한 노력 없이 주가 차트만 보거나 옆에 앉은 사람들의 이야기만 믿고 시장 상황이 좋아지면 무조건 투자한다. 이러한 방법으로 주식시장에 참여하기 때문에 실패를 경험하는 것이다. 특히 이렇게 합당치 않은 방법으로 단기 투자에 매달려 커다란 손실을 입는 것이 큰 문제인데, 이 때문에 많은 사람들이 주식투자는 무조건 위험하다고 생각하는 것이다.

그렇다고 무조건 주식시장을 멀리하는 것이 좋은 것도 아니다. 주식은 재테크에 필요한 방법 중 하나다. 그렇다면 어떻게 해야 주식에 대한 막연한 두려움을 제거하고 주식투자를 성공적으로 만들 수 있는지 이야기해 보자.

주식을 이해하기 위해 몇 가지 알아야 할 것이 있다. 우선 주식가격이 무엇인지부터 알아보자. 주식가격이란 해당 기업의 가치를 금액으로 표시한 것인데, 이는 주로 기업이 소유한 자산의 가치와 매출 이익 등을 반영하여 결정한다. 기업이 보유한 자산과 이익 외에도 기업의 성장 가능성 등이 주식가격의 결정에 반영된다. 기업의 자산이란 대부분 기업이 보유한 실물을 의미한다. 즉, 토지 · 건물 · 기계 그리고 기업이 생산한 물건 등을 나타낸다.

이제 주식에 관련된 기본 정보를 이해했으니 왜 주식투자가 안전하다고 이야기하는지 알아보자. 인플레이션은 물건의 가치가 상승하고 화폐의 가치는 하락하는 현상이다. 쉽게 말하면, 우리 사회는 물가상승률만큼 인플레이션이 발생한다는 것이다. 인플레이션이 발생하면 기업의 실물 가격이 상승한다. 즉, 인플레이션이 발생하면 기업이 보유한 실물 가치는 상승하고, 이로 인해 기업의 실물 가치를 표시한 주식의 가치도 상승할 수밖에 없다. 다시 말해, 주식에 투자하는 자금은 인플레이션을 스스로 극복하는 것으로, 주식투자와 동시에 화폐 가치가 스스로 보존되는 것이다. 이러한 이유로 주식투자는 스스로 인플레이션 위험을 헤지(hedge)함으로 위험한 투자가 아니라는 것이다.

은행에 저축하는 이자율이 인플레이션 비율보다 낮은 경우, 예금된 자금의 화폐 가치는 점점 작아져 화폐 가치의 보존이 불가능하게 된다. 이런 점에서 본다면 주식에 투자한 자금이 은행 예금보다 더 화폐 가치를 보존하여 위험을 최소화한다고 볼 수도 있다.

주식투자가 위험하지 않다는 또 다른 이유는 주식시장 그 자체를 예로 들어 이야기할 수 있다. 결론부터 말하면 주식시장은 역사적으로 볼 때 결국 상승했다는 것이다. 주식시장은 상승과 하락이라는 파도를 경험하지만, 결국에는 우리가 경험하지 못했던 만큼의 주가 상승 국면을 꼭 맞이한다. 우리가 현재 경험하고 있는 주가 1,450선은 1년 전만 해도 불가능해 보이는 주가지수였다. 이렇게 불가능해 보이는 지수를 넘어서는 현상은 앞으로도 지속적으로 반복될 것이다.

주식투자는 시간투자다

전 세계 모든 주식시장의 10~20년 전 주가를 생각해 보면, 현재 우리가 경험하는 각국의 주가지수는 꿈같은 지수다. 그러나 결국 모든 주식시장의 지수는 우리가 경험하지 못했던 주가지수를 넘어서고야 말았다. 즉, 주식시장에 투자하는 것은 시간에 대한 투자다. 주식을 사고 기다리면 언젠가는 꼭 우리가 생각했던 주가 이상으로 상승한다. 주가는 단지 시간의 문제다. 그래서 우리가 그 시기까지 기다릴 수만 있다면 위험한 투자가 될 수 없다.

또 다른 예로 우량주의 장기 투자에 대한 이야기를 할 수 있다. 삼성전자의 경우를 보면 지난 20년간 수익률은 720%, 즉 투자금액의 72배에 해당하는 수익을 올린 것으로 도표는 나타내고 있다.

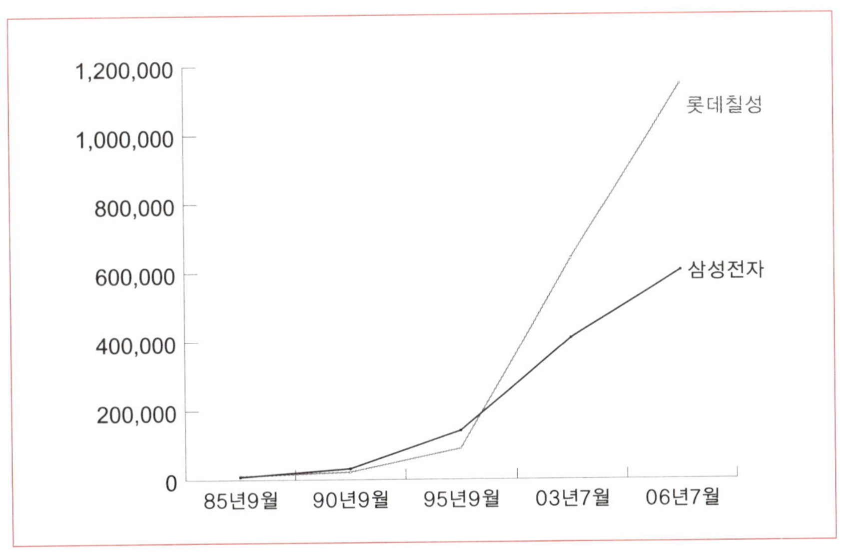

업종주도 주식가격의 변화

	85년 9월	90년 9월	95년 9월	03년 7월	06년 7월
삼성전자(X)	8,370	31,600	141,000	409,500	605,000
롯데칠성(Y)	10,455	21,800	89,400	640,000	1,145,000

이와 같은 수익률은 지난 20년간의 부동산 수익률이나 은행 이자율에 비해 엄청나게 높은 수익률이다. 그러나 여기서 이야기하고자 하는 것은 수익률보다는 장기 투자라는 점에 포인트를 두라는 것이다. 20년이라는 장기 투자의 결과, 1985년에 롯데칠성 주식을 1억 원어치 보유한 사람은 현재 그 자산의 가치가 115억 원이 되었다. 1억 원이 115억 원이 될 수 있다면 20년이라는 시간은 기다릴 만한 가치가 있지 않은가! 주식시장은 분명 우리가 기대하지 못하던 주가지수까지 오르는 시기가 있다. 우리는 그 시기를 기다리기만 하면 된다는 것을 다시 한번 이야기하고 싶다. 아주 간단한 원리지만 많은 사람들이 알면서도 실현하지 못하는 문제이기도 하다.

주식투자 문화를 만들자

또 은행 예금보다 주식투자가 훨씬 좋은 이유는 주식거래의 매매차익에는 세금을 과세하지 않는다는 것이다. 물론 주식거래는 거래세를 내고, 또 배당금을 수령하는 경우에는 배당금에 대해 세금을 납부한다.

그런데 가장 큰 수익이며 중요하다고 볼 수 있는 매매차익에 대한 세금을 내지 않는다는 것은 투자자 입장에서는 커다란 혜택이다. 인플레이션을 언급하면서 이야기한 것처럼 주식은 인플레이션을 방어하면서 동시에 은행 예금에 과세하는 15.4%의 금융종합과세에서 면제된다. 이점 역시 주식투자의 장점 중 하나다.

마지막으로 주식시장의 시장 상황은 랜덤워크(Random Walk)라고 불리는데, 이 랜덤워크는 취보(醉步)라는 뜻이다. 술에 취한 사람의 걸음걸이라는 말이다. 다시 말해, 술에 취한 사람이 어디로 갈지 아무도 모르는 것처럼 주식시장도 이와 같아 언제 어떻게 움직일지 아무도 모른다는 것이다. 주식시장의 주가는 단순히 예전에 어떤 방향으로 움직였기 때문에 앞으로도 어느 방향으로 움직이는 것이 아니다. 어디로 움직일지는 누구도 예상하기 힘들다.

예측이 불가능한 주식시장에 접근하여 수익을 창출하려면 본인 투자 자산의 포트폴리오를 구성하여 위험을 최소화해야 한다. 많은 사람들이 투자 자산의 포트폴리오를 구성하는 이유가 수익률을 높이기 위해서라고 생각하는데 이는 아주 잘못된 생각이다. 자산의 포트폴리오를 구성하는 이유는 자산을 배분하여 한곳에서 발생하는 급격한 가격 하락을 방지해 손해를 최소화하자는 것이다. 동시에 배분된 다른 자산에 발생한 수익의 손실도 최소화하자는 것이다.

앞서 설명한 것과 같이 주식투자는 인플레이션을 스스로 극복하는 좋은 투자 방법이다. 장기간 보유하여 적절한 타이밍에 매도하기만 한다면, 그리고 자산의 포트폴리오를 구성하여 위험의 최소화를 실현한다면 위험한 투자는 아니라는 것이다. 이것이 주식투자를 어떻게 해야 하는지에 대한 가장 적절한 답이라고 생각한다.

선진국 금융시장의 변화를 보면, 이미 설명한 것과 같은 이유로 많은 사람들이 자산의 일부를 주식에 투자하고 있다. 이러한 현상은 많은 금융 전문가들이 일반인을 대상으로 투자자 교육을 실시한 효과가 점차적으로 나타나는 것이다.

우리나라도 최근 몇 년간 많은 금융 전문가들이 은행이든 증권이든 보험회사든 영역에 상관없이 지속적으로 투자자 교육을 실시해 왔다. 이러한 투자자 교육의 효과로 2004년과 2005년에는 많은 사람들이 펀드에 관심을 가지고 간접 투자를 실현하여 주식시장에 긍정적인 효과를 나타내고 있다. 앞으로도 금융기관별로 많은 교육이 시행되고, 국민들이 주식시장을 좀더 적극적으로 활용하리라고 예상하고 있다.

아직은 선진국과 비교하기 어렵겠지만, 우리나라도 '주식투자 문화'라는 것을 만들 시기가 왔다고 생각한다. 한 예로 미국의 경우는 단기 매매의 매매차익 실현을 위해 투자하기보다는 배당금을 많이 주는 우량주에 투자하여 배당금을 생활 자금의 일부로 사용하고 있다. 또 긴급 자금이 필요하면 소유한 주식의 일부를 판매하여 자금을 만든다. 그리고 남아 있는 주식을 후손에게 물려준다. 우리나라에도 그런 문화가 정착되기를 바란다.

이제 당신도 주식투자에 대해 무조건 걱정하기보다는 주식시장에서 현명하게 자신의 역할을 수행해야 한다. 그리고 일단 주식에 투자하기 시작하면 자산 배분의 필요성과 장기 투자의 장점을 잊지 말아야 한다.

2. 적립식 펀드로
수익률을 높여라

　최근 몇 년간 전 국민의 최대 관심사였던 적립식 펀드에 관해 알아보자. 적립식 펀드란 일정 기간마다 일정 금액을 장기간 투자하는 형태의 펀드를 말한다. 대부분의 펀드가 목돈을 일시에 투자하는 방식을 취하고 있는데 반해, 적립식 펀드는 은행의 정기적금처럼 매월 또는 고객이 정하는 일정 시기마다 일정 금액을 지속적으로 투자하는 펀드다. 적립식 펀드는 목돈 없이도 투자가 가능하고, 일시에 목돈을 투자해 주가 변동에 따라 단번에 위험에 노출되는 부담감이 적어 다른 금융 상품에 비해 투자 위험이 상대적으로 낮다. 이러한 점이 아주 커다란 매력으로 투자자들에게 부각되고 있다.

　그러나 펀드의 운용 실적에 따라 수익이 달라지기 때문에 환매하려는 시점에 주가가 떨어지면 수익률이 낮아지거나 원금이 손실되는 위험이 발생할 수도 있다. 그러나 주가 하락 시에는 장기간 일정 금액을 투자함으로 매입비용을 지속적으로 낮추어 매입 평균단가를 낮출 수 있고, 또 이러한 효과로 조그마한 상승 장에서도 가격의 상승폭을 크게 확대해 주는 효과가 있다. 이것을 '코스트 애버리지 효과(Cost Average Effect)' 라고 하는데 이에 관해 좀더 자세히 알아보자.

월별 구입 가능 주식 수

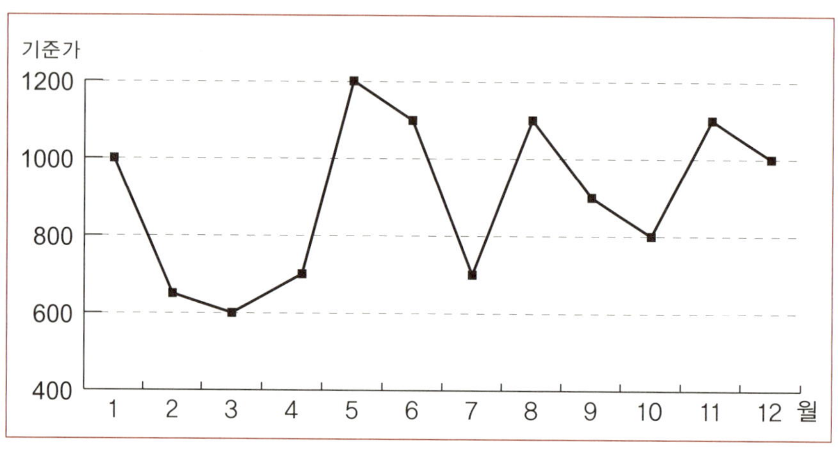

1년간 수익률 비교표

	총 투자액	총매입 좌수	연말 평가액	수익률
정기투자	10만 원 × 12개월 =120만원	1,398좌	1,000원 × 1,398좌 =139,8만 원	16.5%
일시투자	120만 원	120만 원 × 1,000원 =1,200좌	1,000원 × 1,200좌 =120만 원	0%

도표에서 설명하듯이 적립식 펀드는 평균 매입 단가를 낮춤으로 수익률을 상향 조정할 수 있는 아주 매력적인 투자 방법이다. 자세히 설명하면 다음과 같다.

총 투자액은 A와 B 각각 120만 원으로 한다. 정기 투자자 A는 매월 10만 원씩 1월부터 12월까지 12개월 동안 정기적으로 투자하고, 일시 투자자 B는 1월에 120만 원을 전부 투자하고 12개월을 기다렸다. 그 결과를 비교해 보자.

앞의 그래프에서 보여 주는 것처럼 일시에 120만 원을 투자하고 1년을 기다려 주가가 다시 1,000원이 된다면 일시 투자자 B의 수익률은 0%다. 그러나 실제로 주가가 내려간 2·3·4월에는 하락한 주가 때문에 속이 상해 소주를 마시느라 소주 값을 사용했을 것이고, 7·8·9월에는 상승한 주가 때문에 기분이 좋아 맥주를 마셨을 것이다. 결국 이러한 행동을 반복했을 경우 명목 수익률은 0%지만 실질 수익률은 마이너스 술값이 되는 것이다.

이에 반해 정기 투자자 A는 매월 주가의 변동에 따라 주식을 매입한다. 즉, 1월에 1,000원짜리 주식을 100주 구매하고, 주가가 내린 2·3·4월에는 153주·167주·143주와 같이 100주보다 더 많은 주식을 구매한다. 그리고 주가가 오른 5·6·8월에는 83주·90주·91주와 같이 100주보다 적은 주식을 구매한다.

이처럼 적립식 투자는 매월 주가의 변동에 따라 주식을 구매하는 수가 달라진다. 그러나 결국 12월에 매입한 총 주식수를 결산하면 1,398주의 주식을 구매한 결과가 되므로, 12월에 주가가 1,000원으로 다시 돌아온다고 해도 투자원금은 120만 원에서 139만8천 원으로 상향하여 19만8천 원의 수익이 발생한 것이다. 수익률로 환산하면 16.8%의 수익률을 올린 것이다.

또 일시에 투자한 것이 아니라 매월 투자했으므로, 매월 필요한 10만 원을 제외하고 나머지 금액을 은행에 넣어두고 자동 인출했다면 나머지 금액의 은행 이자만큼 더 많은 수익이 발생했을 것이다. 이처럼 적립식 투자는 일시 투자에 비해 더 좋은 수익률을 제공할 수 있다.

적립식 펀드 왜 좋은가

종합 주가지수가 우하향해도 걱정하지 마라

지속적으로 주식을 사 모으는 시기 동안은 우하향하더라도 결국 매입 단가를 지속적으로 낮추는 효과가 있으므로 당신에게 좋은 현상일 수 있으니 걱정하지 않아도 된다.

심리적 안정의 효과가 있다

일시에 많은 돈을 투자하면 구매한 시점 이하로 주가지수가 움직일 때 심리적으로 불안해진다. 그러나 적립식은 앞서 말한 효과로 심리적 동요가 작으며, 오히려 이러한 현상이 향후에 이익률을 더 높일 수 있다.

소액으로 투자가 가능하다

60만 원짜리 삼성전자 주식을 10만 원으로 살 수는 없다. 그러나 적립식 투자를 하게 되면 펀드에 모인 금액 전부를 통틀어 예정된 주식을 사게 되므로 투자하는 사람 역시 10만 원으로 삼성전자에 1/6의 투자효과를 갖게 된다. 이로 인해 삼성전자의 주식이 오를 경우 투자자 역시 상승분에 대한 1/6만큼의 이익을 보게 된다.

매입 시점을 고민하지 않아도 된다

주식투자의 경우는 매입 시점과 매도 시점을 항시 고민해야 하는데, 적립식 펀드에 가입하면 매입 시점에 대해 특별히 고민할 필요가 없다. 일시 투자나 직접 투자는 매입 시점의 가격이 낮아야만 향후에 이익이 발생하지만, 적립식은 매입 시점에서 주가가 계속 하락하는 동안 지속적으로 매입 단가를 낮추는 효과가 있기 때문에 주식시장에 진입하는 투자시기를 고민할 필요가 없다.

위험을 분산한다

장기 투자는 경제 환경이나 금융 환경의 갑작스런 변화에 일시적으로 영향을 받는다. 그러나 이러한 현상은 환매 시점까지 지속적으로 영향을 미치지 못하므로 위험을 분산하는 효과가 있다.

투자 종목 선정이 어렵지 않다

펀드의 투자는 직접 투자보다 적은 돈으로 여러 종목에 동시 투자가 가능하므로 종목을 선정해야 하는 어려움을 피할 수 있다. 또 직접 투자와 달리 투자한 한두 종목이 하락하는 데 따른 위험을 최소화할 수 있다. 즉, 펀드는 구성된 투자 종목 수가 많아 한두 종목의 하락으로는 펀드에 설정된 투자 종목 전체의 수익에 영향을 미치는 정도가 작다.

이와 같이 적립식 펀드는 장점이 많은 투자 상품이다. 단점이라면 증권시장이 저평가되어 있는 상황에서 투자를 시작하는 경우 일시에 목돈을 투자하는 것에 비해 수익률이 떨어진다는 것이다. 그러나 이런 점은 반대의 경우에 위험을 최소화할 수 있으므로 굳이 단점이라고 할 수는 없다. 다만 처음에 투자기간을 너무 짧게 설정하지 않는 것이 좋다. 설정기간 내에 지속적으로 하락하거나 저점을 맴돌 경우 펀드 환매 시점에 원하는 수익률은커녕 마이너스 수익률을 보는 경우가 종종 발생하기 때문이다.

다음 장에서 좀더 자세히 설명하겠지만 적립식 펀드는 초기 투자 금액이 크지 않다. 은행 적금처럼(최소 3~5년) 불입하면서 주식시장이 활발한 시점에 환매하여 이익을 실현하는 것이 목표라는 것을 기억하고 투자를 시작해야 한다.

236

주식투자, 어떻게 하느냐가 문제다

아침에 출근한 이 대리는 몹시 화가 나 있다. 항상 안정성을 추구하는 자신에 비해 남편은 주식투자에 빠져 있기 때문이다. 연애 시절에는 남자가 주식에 대한 감각도 있어야 한다고 생각해서 이해가 되었는데, 막상 결혼하고 보니 주식으로 손실을 보기도 하고 이득을 보기도 하는 것이 영 불안하기만 하다. 따지고 보면 본전치기밖에 안 된다는 생각까지 들었다. 이 대리는 자신의 상사인 박 과장한테 고민을 털어놓았다.

"남편이 주식을 하는데 영 불안해요. 전 재산을 투자하는 건 아니지만, 주식이라는 게 원금을 상실할 수도 있기 때문에 저는 원금 손실이 없는 안정적인 적금통장에 돈을 넣었으면 하는데, 남편은 소득의 일부는 공격적인 투자를 해야 한다며 주식을 계속 고집하지 뭐예요."

"내 생각에는 주식을 한다는 거 자체가 문제가 아니라 어떻게 하느냐가 문제인거 같은데?"

"무슨 말씀이세요?"

"이 대리도 알다시피 은행 금리가 얼마 돼? 더구나 지금 은행 금리가 올랐다 해도 현금 1억 원 이상이 아니면 5%대의 이자율을 우리 서민이 받을 수나 있겠어? 그렇다면 좀더 공격적인 투자를 통해 재테크 감각을 키워둘 필요도 있다구. 그리고 주식을 투기가 아니라 투자의 개념으로 보면 절대 손해 볼 일도 없고 말이야. 적금은 2~3년 동안 기본으로 두면서 주식은 몇 달도 못 참고 팔아버리잖아. 우량주를 적절한 시기에 사서 2~3년 묻어두면 오르는 건 당연한 시장의 원리라구. 이러한 직접 투자가 불안하다면 간접 투자인 펀드를 생각해 볼 수도 있구. 은행 외에도 다양한 투자 방법을 찾아야 하니까 주식을 무조건 멀리하지만 말고 금융 상품의 한 방편으로 생각해 볼 필요가 있을 거 같아. 그러면 의외로 쫌짤한 수익을 기대할 수도 있잖아.”

박 과장의 말을 들은 이 대리는 퇴근해서 남편과 좀더 효율적인 주식 투자 방법을 찾기로 결심했다.

자본시장의 꽃이라고 할 수 있는 주식, 그러나 그 아름다운 꽃을 꺾어 가질 수 있는 사람은 많지 않다. 주식에 개인적으로 투자하여 성공하는 경우는 정말 흔하지 않다. 그렇다고 투자 자금이 집중될 수밖에 없는 앞으로의 경제 현실에서 주식시장을 빼고 재테크를 할 수는 없다. 특히 은행 금리가 저금리인 상황에서 자산을 지키거나 불릴 수 있는 방법은 주식투자에 일정 부분을 배분하는 것밖에 없다.

그래서 많은 사람들이 새로운 투자 방법을 채택한 적립식 펀드에 가입하여 주식에 투자하는 것이다. 적립식 펀드는 위험을 줄이면서 나름대로 높은 수익률을 확보할 수 있는 좋은 주식투자 방법이다. 무조건 은행을 고집하는 시기는 이미 지났다. 유동성 자산의 일부를 주식에 편입시키는 것은 당연하지만, 단기간에 수익률을 보려 하지 말고 좀더 장기적인 관점으로 바라보고 투자하는 마음 자세를 갖도록 노력하라. 주식은 두려워할 투자 대상이 아니고, 단기간 투자해서 수익을 보는 금융 상품도 아니라는 것을 기억해야 한다. 주식은 노후나 아이의 교육 그리고 미래를 도와줄 수 있는 금융 상품이라는 시각의 전환이 절대적으로 필요하다.

3. 인내가
돈을 부르는 주식투자

대학원 시절 Finace 과목의 교수님이 한 학기 동안 강의를 하고 나서 마지막 강의 시간에 들려준 이야기를 하나 하겠다. 당신의 가슴 한구석에서 오래도록 기억되기를 바란다.

그 교수님은 학교에서 강의하기 전 월가에서 상당히 유명한 딜러였다. 여름방학에 들어가기 바로 전 시간에 이것저것 총정리를 하더니, 마지막으로 수강생들의 인생에 도움이 될 만한 이야기로 강의를 마치겠다면서 몇 가지 충고를 해주었다.

첫째는 주식에 투자하지 말라는 것이다. 강의실에 있던 모든 학생들이 웅성거리기 시작했다. 한 학기 내내 주식에 대해 강의해 놓고는 주식에 투자하지 말라니 무슨 소린가 하는 반응들이었다. 개인이 주식에 투자해서 수익을 내기는 쉽지 않으니 개별 투자는 아주 신중히 하라는 것이었다. 둘째는 투자를 하게 되면 장기간 투자하라는 것이다. 그러면서 5년을 장기라고 생각하지 말라고 했다. 나도 그 이야기를 들으며 여러 가지를 반성했다. 셋째는 주식에 투자하려면 없어도 되는 돈으로 하라는 것이다. 즉, 본인이 가지고 있는 전체 금융 자산 중에 오랜 시간 동안 묶여 있어도 생활에 문제가 없는 자금이어야 한다는 것이다. 만약의 경우에 투자한 자금 전부를 손해 보더라도 본인의 자산 구조에 심각한 영향을 끼치지 않는 정도의 자금이어야 한다는 말이다. 그 외에도 몇 가지가 더 있는데, 이번 장에서 이야기하려는 것이 여유로운 자금이니 나머지 이야기는 다른 장에서 하겠다.

급여의 10%는 공격적으로 투자하라

여유 자금, 이것이 문제다. 여유 자금이 있기는 쉽지 않다. 특히 사회 생활을 막 시작하거나 새로운 삶을 시작하는 사람들에게는 더 어려운 이야기다. 물론 전문가마다 생각하는 여유 자금에 대한 비율이 있고, 또 나이에 맞는 주식 편입 비율이나 포트폴리오가 있겠지만, 최소한의 여유 자금 비율을 정할 필요는 있다. 나는 이 책의 앞부분에서 이야기한 것과 같이 소득의 10% 정도는 여유 자금으로 만들어 둘 필요가 있다고 생각한다. 실제로는 이보다 더 많은 부분을 저축하고 투자하여 미래를 준비해야겠지만, 적어도 급여의 10%는 좀더 공격적으로 투자해야 한다.

'공격적'이란 개인의 투자 성향에 따라 엄청난 차이를 나타낸다. 어떤 사람은 채권에 투자하면서 공격적이라 생각하고, 주식형 펀드에 투자하면서 주식에 직접 투자하는 것보다 매우 보수적으로 투자한다고 생각하는 사람도 있다. 여기서 공격적이란 주식형 펀드에 투자하는 것을 말하고, 급여의 10% 정도는 없는 돈으로 취급할 수 있을 정도의 규모이어야 한다. 이 여유 자금을 잘 활용하면 재정설계의 최종 목표인 노후 자금의 50%를 만들 수 있다는 사실을 꼭 기억하라.

세상에 없어도 되는 돈이란 없다. 그러나 급여의 10%를 없어도 되는 돈 또는 급여에 처음부터 포함되어 있지 않던 돈이라 생각하고, 급여를 받는 순간부터 지출을 조절한다면 여유 자금을 만드는 것은 어려운 일이 아니다. 이렇게 만든 자금으로 여유로운 투자를 할 수 있다면 주식 시장에서 실패하는 일은 별로 없을 것이다. 다만 그때그때 상황에 따른 개인의 과욕과 소비에 대한 욕망의 통제가 문제인데, 이를 극복하기만 한다면 당신의 재테크는 100% 성공할 것이다.

자금과 시간에 대한 여유로움을 가져라

주식에 대한 투자나 주식형 펀드에 대한 투자는 단순한 자금 투자라기보다는 시간 투자라고 보는 것이 훨씬 더 적합하다. 단기간 모은 자금은 대부분 저축이나 투자의 목적 자금이라기보다는 소비자금으로 사용되는 것이 일반적이다. 이 때문에 단기 자금 운용은 항상 경계 대상 1호다. 펀드를 단기로 투자하면 매월 투자 원금이 모이는 기간이 짧아

규모가 작아지므로 목돈을 모을 수 없다. 또 증시 자체의 움직임 중에 상승장을 경험하는 기간이 짧아져 환매시기를 적절히 결정하기 어려워지므로 위험에 많이 노출된다. 그러므로 투자 기간을 길게 가져 투자 원금의 규모를 크게 만들고, 주가 상승 기간을 오래 또는 자주 맞이하기 위해서 여유롭게 투자기간을 정하는 것이 좋다.

가장 중요한 것은 앞에서 말한 마음 자세를 지속적으로 유지하는 것이다. 내 고객 중에 제법 안정된 상점을 운영하여 투자할 여유 자금이 많은 사람이 있었다. 그가 이용하는 금융기관은 오직 은행뿐이었다. 나와 상담하기 전까지 그는 주식시장에 전혀 관심이 없었는데, 상담 후 주식시장에 투자할 필요성과 장기 투자에 대한 마인드가 생겨 투자를 결심하게 되었다. 그에게 나름대로 포트폴리오를 구성하여 일부는 변액보험에 그리고 일부는 적립식 펀드에 투자할 것을 권하고 6개월 정도 시간이 흘렀다.

하루는 그가 만나자고 전화를 걸어와서 그를 만나게 되었다. 그의 말의 요지는 이러했다. 펀드라는 것에 가입하고 나니 주식시장에 관심이 가기 시작하고, 그러면서 매일 주식시장의 변화와 시황에 관심을 갖게 되었는데, 주식시장이 하락하면 하루 종일 신경이 쓰이고 마음이 조마조마해서 불안하다는 것이다.

반면 변액보험도 주식시장에 투자된다는 것을 알지만, 이 상품은 가입 초기부터 10년 후의 목적자금을 만들겠다는 생각으로 불입한 상품이므로 주식시장의 변동에 민감해지기보다는 적금처럼 꾸준히 10년을 불입해야 한다는 생각이 든다는 것이다. 두 상품 모두 똑같이 펀드를 구성하는 것이고 주식시장에 투자하는 상품인데도, 그는 변액보험 상품을 더 편하게 느끼고 있었다.

이유가 무엇일까? 이유는 간단하다. 하나는 10년이라는 긴 시간을 투자하기로 마음먹은 상품이지만, 다른 하나는 주식의 장이 좋으면 환매하고 이익을 실현해야 한다는 점이 부담으로 작용해 자신의 마음을 스스로 괴롭히고 있었던 것이다.

그는 마음이 불편하여 일반 펀드 상품을 지속적으로 불입하지 못하겠으니 일반 펀드에 투자하는 부분을 변액보험 상품으로 전환하고 싶다고 했다. 결국 나는 왜 펀드와 변액보험을 동시에 가입해야 하는지, 또 향후에 두 가지 상품이 어떻게 도움이 되고 언제 사용할 수 있는지 등에 관해 설명하고 적립식 펀드를 유지하도록 설득해야 했다. 그에게 변액보험은 10년이라는 여유로운 투자기간을 설정해 준 아주 만족스런 상품이었다. 반면 일반 펀드는 시장 변동이라는 위험스런 문제를 스스로 해결해야 하는 불안한 금융 상품이었다.

펀드는 주식에 직접 투자하는 것에 비해 상당히 안전하다. 게다가 적립식 펀드에 투자하는 것은 일시에 많은 자금을 투자하는 거치식 펀드 투자에 비해 더 안전하다. 그런데도 투자기간을 짧게 결정하면 여러 가지 시장 변동의 위험에 노출되어 여유로운 투자가 어렵다는 점을 충분히 고려해야 한다.

여유로운 투자는 자금의 여유로움뿐 아니라 투자기간의 여유로움을 동반해야 한다. 이 두 가지를 동시에 해결해야 투자자가 원하는 수익률을 올릴 수 있다는 것을 명심하라.

244

4. 간접 투자의 대표주자, 인덱스 펀드

앞서 설명한 것처럼 펀드는 여러 가지 장점을 지니고 있다. 지난 1~2년간 펀드의 수익률이 좋아 일반인들이 매우 많은 관심을 보이고 있는데, 그중에서 종합주가지수와 연동하는 인덱스 펀드에 관해 알아보려고 한다.

사전적 의미의 인덱스(index)는 표시하는 눈금·색인·목록·표시·지표 그리고 통계적 지수라는 뜻이다. 주식시장에서 인덱스는 말 그대로 어떠한 지수라는 뜻이다. 예를 들면, 우리나라 주식시장에는 종합주가지수(KOSPI 지수)와 코스닥 지수 등이 있다. 뉴스나 신문에서 어제 종가가 올랐다 또는 내렸다고 말하는 것은 종합주가지수가 오르거나 내렸다는 뜻이다.

이러한 지수는 정해져 있는 것이 아니고 신문이나 방송사가 만드는 경우가 있는데, 우리나라에는 매일경제신문이 발표하는 매경 지수와

한국경제신문이 발표하는 한경 지수가 있다. 미국의 대표적인 지수는 다우존스 지수인데, 이는 미국의 다우존스사가 발행하는 신문인 《월스트리트 저널》이 매일 발표하는 다우존스 지수가 대표적이다.

인덱스 펀드는 1970년대 초반 웰즈 파고 뱅크(Wells Fargo Bank)의 웰즈 파고 투자자문회사가 연금 펀드를 대상으로 뉴욕증권거래소의 전 종목을 균등하게 구성한 펀드를 개발하면서 금융시장에 나타났다. 이것을 계기로 이후에 많은 인덱스 펀드가 탄생했다.

인덱스 펀드란 무엇인가

인덱스 펀드란 인덱스에 포함된 회사들의 시장 가치, 즉 시가총액을 구성한 비율대로 자금을 배분한 펀드를 의미하는 것으로, 인덱스의 지수를 따라 움직이도록 구성되었다. 예를 들어, KOSPI 200 주가지수 인덱스 펀드란 KOSPI 200 주가지수를 추종하여 KOSPI 200에 따라 움직이도록 주식이 구성된 펀드를 말하며, 이때 KOSPI 200의 구성 종목과 구성 종목의 시가총액 비중 역시 동일하게 구성했다는 것을 의미한다.

인덱스 펀드는 구성 종목을 선정하는 방법에 따라 완전 복제(Full Replication)와 부분 복제(Partial Replication) 형태를 취할 수 있다. 완전 복제는 구성 종목과 구성 비율을 복제하는 인덱스와 동일하게 하는 것이고, 부분 복제는 복제하는 인덱스의 일부 종목을 선택하여 펀드를 구성하는 것이다.

이렇듯 인덱스 펀드는 기존 인덱스를 있는 그대로 복제하는 형태를 취하므로 펀드를 구성하는 종목들의 선정이 매우 용이하고 수월하다. 이러한 이유로 펀드의 수수료가 매우 저렴한 것이 장점이며 특징이다. 펀드 수수료가 저렴하기 때문에 선진국에서는 장기 투자 시에 개인의 포트폴리오 중 하나로 인기 있는 상품이기도 하다. 인덱스 펀드의 또 다른 특징은 일반 펀드와 달리 펀드매니저의 역량보다는 운용사의 지수 복제 기술과 운용 시스템에 따라 수익률이 결정된다는 것이다.

인덱스 펀드는 여러 가지로 장점이 많은 펀드임이 분명하다. 그러나 단점이 전혀 없는 것은 아니다. 인덱스 펀드의 장점과 단점을 살펴보자.

인덱스 펀드의 장점

- 종목 선정을 고민하지 않아도 된다(개별 종목 분석이 필요 없음: 지수를 따라하는 것임).
- 증권 투자를 개인이 하지 않으므로 증권 매매비용이 필요 없다.
- 일반 펀드에 비해 운용 수수료가 저렴하다(일반적으로 1.8% 수준, 일반 주식형 2.4% 수준). 선취 수수료와 운영 보수를 합하면 1.8% 정도로 일반 펀드 수수료에 비해 저렴하다.
- 분산 투자를 효율적으로 실현한다(지수가 구성된 비율대로 만들어 짐).
- 시장 수익률의 확보가 가능하다(지수 수익률과 비슷한 수익 실현 가능).
- 지수에 대비하여 수익이 부진할 가능성이 낮다.

인덱스 펀드의 단점

- 펀드 구성이 용이한 대신 구성 종목의 교체가 어렵다.
- 증권 직접 투자 규모 축소로 시장 활황을 저해한다(개인의 약점은 아님).
- 편입되지 못한 종목에 간접적으로 악영향을 준다.
- 지수와의 오차가 발생할 위험이 있다(Tracking Error의 위험).
- 인덱스 펀드가 추종하는 지수 자체가 하락하는 경우 위험 회피가 어렵다.

인덱스 펀드를 선택하여 투자하는 경우에 가장 중요한 것은 투자자의 투자 목적과 마음 자세다. 인덱스 펀드는 급격한 수익률 상승을 기대하는 투자자가 가입하는 상품이 아니라는 점을 분명히 인식하라. 지수의 수익률 상승분을 초과하여 그 이상 또는 아주 높은 수익을 기대하는 투자자라면 인덱스 펀드에 가입하지 말아야 한다. 인덱스 펀드는 여러 가지 장점을 보유한 상품이라는 점을 인식하고, 특히 수익이 높지는 않지만 안정적인 수익률을 기대하면서 동시에 위험을 최소화하려는 투자자를 위한 상품이라는 점을 기억해야 한다.

인덱스 펀드, 이렇게 선택하라

적정 규모 이상의 펀드를 선택하라

일반적으로 인덱스는 규모가 있는 종목을 많이 편입하고 있으므로 이를 제대로 복제하여 따라갈 수 있는 정도의 규모가 되는 펀드를 선택해야 한다.

운용기간을 고려하라

추종하는 인덱스와의 오차를 판단하고 이를 최소화하기 위해서는, 일정 시간이 경과되어 이런 점을 확인할 수 있는 펀드를 선택하는 것이 유리하다.

인덱스(추종 지수)와의 수익률 편차를 고려하라

인덱스의 수익률보다 높은 수익률을 보인다고 좋은 펀드라고 볼 수만은 없다. 높은 수익률만이 고려의 대상이 아니며, 수익률이 하락하는 장에서 수익률 하락이 적은 인덱스가 좋은 인덱스 펀드라는 점을 간과해서는 안 된다.

인덱스(추종 지수)의 전망을 고려하라

당연한 이야기 같지만 시장 전망이 밝아 상승 가능성이 높다고 회자되는 인덱스 지수를 기준으로 삼는 인덱스 펀드를 선택하는 것이 바람직하다.

5. 주식보다는 안정적인 채권 투자

당신이 가장 이해하기 어려운 부분이 채권일 것이다. 최대한 쉽게 설명하려고 하니 채권에 대해 이미 알고 있는 독자라면 이해해 주기 바란다.

채권이란 무엇인가

기업이 투자 자금을 회사로 끌어들이기 위해 취할 수 있는 방법이 두 가지 있다. 한 가지는 주식을 발행하여 주권(회사 자산에 대한 권리)을 부여하고 자금을 유입하는 방법이고, 또 한 가지는 채권을 발행하여 주권을 주지 않는 대신 이자를 지급해 필요 자금을 유입하는 방법이다. 즉, 채권이란 회사가 보유한 자산에 대한 권리 또는 운영에 대한 권리를 수여하지 않는 대신 이자를 지급하여 회사의 자금 유입을 용이하게 만드는 회사의 채무 증서를 말한다.

이와 동일한 방법으로 자금이 필요한 정부를 포함하여 국가 기관에서 발행하는 채권을 국채라 하고, 공기업이 발행한 것을 공채 그리고 일반 기업이 발행한 것을 사채 또는 회사채라고 한다.

채권의 종류

채권의 종류에는 할인채와 이표채가 있다. 할인채(Discount Bond)는 의무 이행이 채권 만기일에 단 한 번 발생하는 채권이다. 즉, 만기일에 채권에 표기된 액면가를 채권 보유자에게 지급하면 모든 의무가 끝나는 채권이다. 이 채권은 투자자가 채권을 구입하는 시점에 채권의 이자율만큼 할인하여 발행되었기 때문에 할인채라고 한다.

이표채(Coupon Bond)는 의무 이행(이자의 지급)이 여러 번 발생한다는 점이 할인채와 다르다. 즉, 이표채는 만기까지 일정 기간마다 지급되는 고정 이자 지급액(Coupon Payment)과 만기에 지급되는 액면가(Face Value)로 이루어진 채권을 말한다. 이때 고정 이자 지급액인 쿠폰 금액과 액면가의 비율을 쿠폰비율(Coupon Rate)이라고 한다. 이표채는 채권에 이표라는 이자를 청구하는 권리를 붙여 함께 발행하고, 이를 절취하여 독립된 증권으로 사용해 이자를 지급받는 일종의 증권으로 이권이라고도 한다.

채권의 원리

발행된 채권이 10만 원짜리이고 만기가 1년 후이며, 만기 시점에 10% 이자를 받기로 했다고 하자. 그런데 콜금리를 인하한다는 뉴스가 나왔다. 이런 상황이 발생하면 투자자들은 은행에서 지급받는 낮은 이자보다, 이자가 고정되어 있고 은행보다 높은 이자를 제공하는 채권을 선호하여 채권을 구매하려는 수요가 증가하게 된다. 채권에 대한 수요가 증가한다는 것은 수요 공급의 원칙에 의해 채권의 가격이 오른다는 것이다.

채권 발행 시점에 채권을 구매한 사람은 원금 10만 원과 이자 만 원을 합쳐 11만 원을 만기에 받기로 했으므로 만 원의 수익을 올리게 되지만, 채권의 가격이 올라서 10만5천 원에 구매한 사람의 수익은 5천 원이다. 이러한 원리로 초기에 구매한 사람에 비해 나중에 구매한 사람의 채권 수익률이 떨어지게 된다.

반대로 콜금리가 인상되면 채권을 구매하려는 수요가 감소한다. 그러면 채권 가격은 인하될 것이고 10만 원에 구매한 채권이 9만5천 원에 거래된다면, 이때 채권을 구매한 사람은 만기에 11만원을 받게 되므로 수익이 만5천 원 발생하여 채권 수익률이 올라가는 것이다.

이렇게 움직이는 것이 채권의 원리다. 그러나 실제로는 10만 원을 내고 채권을 구매하는 대신 채권의 할인율만큼, 즉 미래 가격 10만 원을 이자율 10% 포함한 현재 가격으로 환산하여 10%를 할인한 금액을 지불하고 채권을 구매하는 것이다. 즉, 9만1천 원을 내고 10% 이자를 포함해 1년 뒤에 10만 원을 받기로 하고 채권을 구매하는 것이 일반적이다.

채권의 특성

- 수익성: 채권을 보유함으로써 확정된 이자소득과 금리 변동에 따른 시세 차액으로 자본 소득을 얻을 수 있다.
- 안정성: 채권은 정부공공기관, 특수법인, 신인도 있는 기업이 발행하므로 안정성이 있다.
- 유동성: 채권은 만기까지 보유하면 확정된 이자와 원금을 받을 수 있고, 만기일 전이라도 언제든지 유통시장을 통해 현금화할 수 있다.
- 절세: 채권의 조세는 표면 이율을 기준으로 하기 때문에 통상 시장 금리가 표면 이율보다 높아 절세의 효과가 있다.

채권 투자의 이유

- 주식투자에 비해 안전하고 확실하여 위험 최소화가 가능하다.
- 은행의 금리보다 높은 수익률을 보장한다.
- 언제나 현금화 가능한 유동성을 보장한다.

일반적으로 주식은 경제 활동 이외에도 모든 사회적 문제와 관련하여 움직이지만, 채권은 경제 동향과의 관련보다는 금리와 직접 연결되어 움직인다. 또 만기의 개념을 알고 있어야 채권을 이해하기가 편하다. 우리나라의 채권은 대부분 3년 만기이며, 만기가 길게 남았다는 것은 그 기간만큼 시장의 변동성에 오래 노출되므로 가격 변동의 폭이 커진다. 이러한 위험 때문에 구매하려는 유동성이 줄어 리스크는 좀더 커지게 된다. 그렇기 때문에 만기가 긴 채권의 수익률은 높은 편이다. 같은 원리로 만기가 짧은 채권이라면 시장 변동의 노출 위험(가격 변동과 유동성)이 작아지게 되므로 당연히 수익률도 낮아진다.

여기까지가 채권에 대한 이해를 돕기 위해 기본적으로 알아야 하는 내용이다. 당신은 채권이 무엇인지, 왜 발행하는지 또 어떠한 형태로 채권이 움직이는지, 왜 채권에 투자하는지에 대해 이해했을 것이다. 마지막으로 채권 투자의 전략에 대해 소개하려고 하는데, 실제로 당신이 투자 전략을 이해할 필요는 없다. 다만 어떠한 형태의 전략이 있는지 맛만 보자.

채권 투자 전략

채권 투자 전략이란 채권 투자를 통해 발생하는 투자 수익을 극대화하고 발생 가능한 위험을 최소화하려는 투자 방침을 말한다. 여기에는 이표 전략, 만기 전략, 평균 기간 전략, 채권 수익률 전략, 채권 교체 전략 등이 있다. 이중 가장 기본적인 것이 채권 투자 전략이다. 당신이 꼭 이해해야 하는 전략인 이표 전략과 만기 전략에 대해 알아보자.

이표 전략이란 이표율(이자 지급률)이 큰 채권일수록 가격 변동에 따른 수요의 변동이 작아지는 특성을 이용한 것이다. 즉, 시장 금리가 상승하면 이표율이 높은 채권에 투자하고, 시장 금리가 하락하면 이표율이 낮은 채권에 투자하여 투자 수익을 최대화하는 전략을 말한다.

만기 전략에는 두 가지 전략이 있다. 첫째는 사다리형 전략으로 만기가 다른 채권을 다양하게 보유하여 시장 금리의 변동에 따른 위험을 최소화하는 것이다. 둘째는 아령형 전략으로 아령 모양처럼 양쪽, 즉 장기와 단기 채권을 집중적으로 보유하여 채권 가격 하락과 금리 하락 시점에 따라 채권의 보유 형태를 조절하여 위험을 최소화하는 전략이다.

이밖에도 여러 전략이 있고 설명해야 할 것이 많지만, 더 설명하면 할수록 이해하는 데 방해가 될 것 같아 여기까지만 설명하겠다. 설명한 정도만 이해해도 당신의 주변에서 채권에 대해 가장 잘 아는 사람이 될 것이다.

특히 투자 전략에 대해서는 굳이 이해할 필요가 없다. 중요한 것은 채권의 원리를 아는 정도이고, 채권이 주식에 비해 다소 안정적인 투자라는 점만 이해하면 된다. 다만 채권이 안정적인 대신에 수익률이 높지 않다는 점을 기억하고, 채권에 투자한다고 해서 원금을 꼭 보장받는 것은 아니라는 점을 반드시 이해해야 한다. 원금을 보장받지 못하는 이유는 채권도 주식처럼 채권 만기일 이전에 매입과 매도가 가능하기 때문이다.

마지막으로 채권 투자에 관해 조언 한 마디 하겠다. 당신은 이제 막 재테크를 시작하는 젊은이다. 다소 안정적인 채권 투자보다는 좀더 적극적인 투자 전략이 우선이다. 물론 이미 마련한 일정액의 목돈을 안정적으로 운영하고 싶겠지만, 아직 충분한 목돈을 준비하지 못한 상황에서 그리고 아직 재테크를 위해 준비해야 할 것이 많은 상황에서 채권에 비중을 두는 것은 좋은 방법이 아니다. 좀더 수익률이 높은 금융 상품에 투자하는 것이 젊은이들을 위한 정상적인 포트폴리오다.

8장

노후 준비는 신혼 때 시작하는게 현명하다

1. 이제 노후 준비는 필수다

이미 이야기한 것처럼 재정설계와 재테크의 최종 목표는 노후 준비라는 점을 상기하면서, 이 내용을 읽고 당신이 좀더 많은 생각을 했으면 하는 바람이다.

요즘은 직장에 취업하는 순간부터 노후를 준비하는 젊은 직장인들이 많아지고 있다. 불과 10년 전과는 아주 다른 모습이다. 왜 이처럼 많은 젊은이들이 노후를 걱정하게 된 것일까?

유교에서는 장수·재물·평안·덕·천수를 누리는 것을 가리켜 오복이라고 한다. 예부터 장수는 가장 큰 복 중 하나였다. 어린 시절부터 부모님은 물론 할아버지 할머니께 새해 인사를 할 때면 만수무강하시라는 말을 빼놓지 않았다. 우리는 그만큼 부모님이 오래도록 건강하게 사시기를 바라고 있다.

그런데 앞으로도 그런 인사를 계속하게 될지 잘 모르겠다. 불과 20년 전만 해도 지금 같은 사회 분위기는 아니었다. 우리는 언제부터인가 오래 사는 것을 복으로 생각하지 않기 시작했다. 왜 오래 사는 것을 두려워하는지 이야기해 보자.

장수, 과연 행복하기만 할까

우리나라 평균 수명은 1980년만 해도 남자 62.7세, 여자 69.1세였다. 현재의 평균 수명에 비하면 10년 이상 차이가 난다. 또 당시에는 60~65세에 정년퇴직하는 것이 일반적이었다. 즉, 은퇴 이후 여명이 아주 짧거나 일할 수 있는 시기가 평균 수명보다 길었다는 것이다. 이것은 자신이 은퇴 시점에 수령한 퇴직금으로 충분히 노후생활을 할 수 있었다는 뜻이다. 아니면 은퇴 이전에 수명이 다하여 은퇴 이후를 걱정할 필요가 없었다는 것이다. 그러나 현재는 평균 수명이 길어져 은퇴 이후의 삶이 훨씬 길어졌다. 따라서 은퇴 이후의 삶을 준비해야 한다.

더군다나 은퇴 시기는 앞당겨져 대부분 55~58세에 은퇴를 한다. 평균 수명은 74~80세로 길어졌는데 은퇴는 빨라졌으니 은퇴 이후의 약 20년간에 대한 충분한 대비가 있어야 한다. 심지어 요즘에는 40대에 은퇴하는 경우도 심심찮게 있다.

이렇게 퇴직하는 시기가 앞당겨져 퇴직금으로 여명을 살아가기에는 너무 긴 기간이 남아 있으므로, 예전에 비해 은퇴 이후를 살아가는 데 많은 자금이 필요하게 되었다. 특히 별다른 소득이 없이 퇴직금으로만 남은 여명을 살아가야 한다면 장수가 과연 행복한 것인지 생각해 보아야 한다. 이것이 장수의 첫째 위험이다.

또 은퇴 이후는 젊은 시기에 비하면 신체적으로 연약한 시기다. 물론 지적으로는 많은 경험을 쌓아 현명할 수 있으나, 신체적인 면에서 보면 청년기의 건강한 신체와 많은 차이를 보인다. 그래서 은퇴 이후에는 병원을 찾는 횟수가 많아진다. 통계에 따르면 평생 의료비 중 2/3를 은퇴 이후에 사용한다고 한다. 또 건강의 악화나 질병이 아니더라도 건강보조장비, 즉 보청기나 안경 그리고 치과 관련 용품에 드는 비용도 적지 않다. 이러한 점 역시 은퇴 이후를 불안하게 하는 요소 중 하나다.

차분히 준비하여 행복한 노후를 누려라

우리는 부모님께 효도하는 것을 당연한 것으로 알고 또 그렇게 교육받았다. 부모님이 연로해지면 자식이 책임지는 것은 당연한 것이었다. 그러나 최근에는 버려진 노인이나 혼자 생활하는 노인이 많아지고 있다. 친구가 '우리 세대가 부모를 모시는 마지막 세대이며, 동시에 자식에게 버림받는 첫 세대일 것'이라고 이야기하는 것을 들은 적이 있다. 친구들과 사석에서 한 이야기치고는 섬뜩한 이야기가 아닐 수 없다. 세대가 변하고 세상이 변해 당신과 내가 가져온 가치관과 다른 세상을 살게 될지도 모른다. 이런 현실을 개탄하며 비관하자는 것이 아니다. 당신과 나, 우리는 세상이 변하는 것에 맞춰 우리의 생각을 변화시켜야 하며, 이런 변화에 대처가 가능하도록 해야 한다.

단지 세대가 달라져 생각이 변한 것만은 아니다. 1970년대는 노동인구 12명이 노인인구 1명을 부양하면 됐지만, 2000년에는 7.6명의 노동인구가 노인 1명을, 또 2030년에는 2.4명의 노동인구가 노인 1명을 부양해야 하는 인구 구조의 변화 역시 은퇴 이후를 걱정하게 하는 요소다. 국가가 지원하는 노후 연금도 인구 구조의 불균형적 변화로 점차 어려워질 것이다. 우리나라의 노동인구가 줄어들면 세금의 재원이 줄어들게 되고, 이로 인해 정부가 연금을 지원할 자금도 줄어들게 된다. 이렇듯 노인인구의 증가로 정부의 지원이 줄어들면 노후에 대한 준비를 개인이 할 수밖에 없다. 그렇기에 당신은 부모님 세대보다 더 많은 노후 준비를 해야 한다.

충분한 노후 재원을 준비하지 못한 사람들은 적은 노후 재원의 가치를 높여 효율적으로 사용하기 위해 제3국으로 가려 하고, 충분한 노후 재원을 가지고 있는 사람들은 좀더 편안한 노후의 삶을 영위하기 위해 제3국으로 가려고 한다. 물론 날씨가 더 좋고 골프를 더 자주 칠 수 있다는 점 때문에 제3국에서 생활하려는 사람도 있지만, 대부분의 경우 준비한 노후 자금의 가치를 좀더 극대화하여 효율적으로 사용하겠다는 생각에서 그것을 원하는 것이다. 이것 역시 길어진 노후를 대처하는 나름대로의 방법이다.

정부나 자식이 책임질 수 없는, 그래서 아무도 돌보지 않는 미래를 맞는다는 것은 생각만으로도 무서운 일이다. 이렇게 무서운 노년이 아닌 행복한 노년을 보내기 위해서 당신은 분명히 무엇인가를 준비해야만 한다.

　장수는 모든 사람들이 바라는 것이었으나, 언제부터인가는 노후를 걱정하기 시작했다. 그렇다고 수명이 길어진 것을 한탄하며 걱정할 필요는 없다. 장수는 분명 기뻐할 일이다. 그러나 기뻐할 만한 일이 되기 위해서는 지금부터 차근차근 준비해야 한다.

　노후를 위해 차분히 준비해야 하는 것 중에 어떤 것이 있는지 생각해 보라. 이 책의 앞에서 언급한 거의 모든 내용을 실천하고 싶다는 생각이 들었다면, 당신은 이 책을 읽은 보람이 있는 것이다. 재정설계와 재테크의 목적이 행복한 노후 설계에 있다는 사실을 다시 한번 기억하고, 행복해질 수 있도록 지금부터 준비하기 바란다.

2. 연금은 저축일까 보험일까

연금의 필요성에 대해서는 이미 다들 잘 이해했을 거라고 생각한다. 이번 장에서는 연금 상품의 종류 그리고 세제 혜택과 그 속에 숨어 있는 연금의 허와 실에 관해 좀더 자세히 살펴보고자 한다. 각각의 금융권에 마련된 연금 상품을 알아보자.

연금저축과 연금보험 어떻게 다를까

연금은 기본적으로 연금저축과 연금보험으로 나눌 수 있다. 또 연금보험은 적격 연금과 비적격 연금으로 나눈다. 그러면 연금저축이 무엇인지부터 알아보자.

연금저축은 은행과 증권사에서 판매하는데, 은행에서 판매하는 상품은 원금 보장도 가능하고 예금자 보호도 되는 이자율 상품이며, 증권사에서 판매하는 상품은 투자형 상품으로 원금 보장이나 예금자 보호가 되지 않는 상품이다. 은행권과 증권사 상품의 공통점은 소득공제가 된다는 것이다. 보험사의 저축성 보험 중 적격 연금 상품은 소득공제가 되지만 비적격 연금 상품은 소득공제가 되지 않는다. 대신 비과세 혜택이 있다.

연금 상품 비교표

상품구분	연금저축		저축성 보험	
상품명	연금신탁	연금투자신탁	(적격)연금보험	(비적격)연금보험
취급기관	은행	투자증권	보험사	보험사
가입자격	18세 이상	18세 이상	18세 이상	15세 이상
종합소득공제	연 불입액의 100%, 300만 원 한도	연 불입액의 100%, 300만 원 한도	연 불입액의 100%, 300만 원 한도	
과세	연금 소득세 5.5%	연금 소득세 5.5%	연금 소득세 5.5%	비과세
적립방식 적립한도	자유적립 300만 원/분기	자유적립 300만 원/분기	정액정립 한도 없음	정액정립 한도 없음
수령시기 수령기간	55세 이후 5년 이상 연 단위	55세 이후 5년 이상 연 단위	55세 이후 5년 이상 연 단위	45세 이후 연 단위
지급방식	확정기간형 (중도연장 가능)	확정기간형 (중도연장 가능)	확정기간형, 종신형	확정기간형, 종신형, 상속형
예금보호	○	×	○	○
원금보장	○	×	○	○
보증이율	0%	손실 가능	2% 보증(일반직)	2% 보증(일반직)

또 연금저축과 연금보험의 큰 차이 중 하나는 연금 수령 방법에 있다. 연금저축은 연금 수령을 5년·10년·15년·20년으로 확정하여 지급하는 방식을 채택하고 있으나, 보험사의 연금보험은 수령기간을 5

년·10년·15년·20년으로 규정한 확정형뿐 아니라, 종신토록 수령이 가능한 종신형과, 수익은 연금으로 지급받고 원금은 상속이 가능한 상속형 연금이 추가적으로 가능하다.

특히 연금 상품에서 중요시해야 하는 것은 보험사의 종신형 상품이다. 연금을 55세부터 수령하고 20년 확정으로 지급받는 경우라면 75세까지만 연금 수령이 가능하다. 만약 당신이 85세까지 생존한다면 10년간은 연금을 수령할 수 없기 때문에 어려운 노후를 보낼 수 있다. 이 점이 확정 연금형 상품의 최대 문제점일 수 있다. 이에 반해 종신형 연금은 종신토록 연금 수령이 가능하므로 당신에게 큰 도움이 될 수 있다.

세제 혜택도 다르다

또 하나의 차이는 세제 혜택의 차이이다. 연금저축은 불입한 금액 중 300만 원까지 소득공제가 되므로 연말정산 시점에 세금을 덜 낼 수 있다. 그러나 연금 수령 시점(55세 이후)에 연금 소득에 대해 5.5%의 세금을 내야 한다. 이렇게 일정 기간 세금을 내지 않고 이후에 세금을 징수하는 것을 세제 이연이라고 한다. 즉, 세금을 면제받는 것이 아니라 세금을 내야 하는 시기를 나중으로 미루는 것이다. 이에 비해 비과세인 보험사의 연금 상품은 3년·5년을 납입하고 거치기간까지 10년이 넘으면, 10년 이상을 납입한 것과 같이 연금으로 수령하든 일시금으로 수령하든 무조건 비과세다. 즉, 그동안 발생한 수익에 대해 세금이 전혀 없는 것이다. 이를 간단히 정리하면 다음과 같다.

세제 혜택 측면

- 연금저축은 납입 시점에 종합소득 신고 또는 연말정산을 통해 소득공제를 받고, 연금을 수령할 때는 연금소득세를 납부한다.
- 비적격 연금보험은 납입 시점에 종합소득공제 혜택은 없지만, 연금 수령 시 연금소득세가 비과세 되므로 전액을 연금으로 수령한다.

이렇게 두 가지를 비교하여 이야기하면 비과세와 소득공제 중 어느 것이 금전적으로 혜택이 더 많은지에 관심이 모인다. 두 가지 중 세금 면에서 어떤 것이 유리한지는 개인마다 다르다. 불입금액과 납입기간, 연금개시 시점, 지급기간 그리고 본인의 소득 수준 등에 따라 세액 계산이 달라지기 때문이다.

연금 지급 측면

- 은행과 증권사의 연금저축은 종신형 연금이 없고, 보험사의 연금보험은 종신형이 있다.
- 비적격 연금보험은 45세 이후 연금 수령이 가능하지만, 연금저축과 적격 연금은 55세 이후에 연금 수령이 가능하다.

연금에 대한 중요성은 아무리 강조해도 지나치지 않다. 나는 강의할 기회가 있을 때마다 연금의 중요성에 관한 예로 어머니 이야기를 한다.

이제 칠순에 가까우신 어머니는 아직도 집안 대소사에 막강한 권력(?)을 행사하신다. 이렇게 아직도 막강한 권력을 보유하신 가장 큰 이유는 어머니에게 지급되는 연금이 어머니의 생활을 충분히 지원하고 있기 때문이다. 은퇴 이후에 자신의 삶을 스스로 만들어 갈 수 있는 원천이 바로 연금이다.

파고다공원에 모이는 노인들 중에도 인기 있는 분이 있다고 한다. 그 할아버지는 저녁에 집으로 귀가할 때 친구들에게 소주 한 잔을 대접할 만한 여유를 가졌다고 한다. 많은 돈은 아니더라도 그 정도 여유는 지금부터 만들어야 하지 않을까. 당신이 살아갈 세상은 노후가 아주 길지도 모른다는 생각을 하고 지금부터라도 조금씩 노후를 준비하기 바란다.

우리 부부 노후를 위해 연금은 필수

점심시간을 이용해 차 한 잔 같이 하고 있는 강 대리와 홍 대리는 둘 다 결혼한 지 얼마 안 되어 서로 결혼생활에 대해 자문도 구하고 정보도 교환하는 사이다.

"홍 대리, 나 어제 우리 장모님이 입원해 있는 병원에서 작년에 퇴임하신 최 이사님을 뵙지 뭐야."

"아니, 어디 편찮으시대?"

"병명은 말씀하시지 않았지만 꽤 안 좋아 보이더라구. 그리고 나도 모처럼 뵙는 거라 같이 저녁식사를 했는데 수술비를 꽤나 걱정하시더라구."

"아니, 그분 퇴직금도 꽤 되고 부동산도 어느 정도 갖고 있으시잖아. 그리고 자식들도 모두 일찍 유학 보내 외국에서 자리를 잡고 있는 걸로 아는데…"

"얘기를 들어 보니까 자식들 외국에서 자리 잡는 데 보태주느라 집도 줄여서 이사하셨고, 있는 부동산은 덩치가 크다 보니 당장에 팔 수도 없어 현금 아니면 아무 소용없다고 하시더라구. 그리고 수입 없이 일정하게 나가는 고정 지출이 있다 보니 생활비가 빠듯하다고 하시더라구."

"남의 얘기 같지 않군. 사실 우리도 직장생활하면 얼마나 하겠어. 직 장생활 기껏해야 20년 안팎인데 퇴직 후 또 20년 안팎을 일정한 수입 없이 살아야 하니 지금부터라도 노후 위한 대책을 마련해야 하지 않을 까?"

'자식 교육비 마련을 위해 피출부를 하는 어머니' '가계 소득의 50~60%를 투자하여 과외를 시키는 평범한 샐러리맨 가정', 이렇게 자식에게 헌신적이면서도 자식들이 노후를 책임져 주지는 못할 거라고 생각하는 이유는 무엇일까? 그렇다면 부모의 노후는 누가 책임져야 하는가?

많은 사람들이 자식의 성공을 바라며 모든 것을 자식교육을 위해 투자하지만 정작 자신의 노후를 준비하는 경우는 드물다. 여러 가지 이유 때문에 노후 준비를 못한다고 하지만, 세상이 변하고 인간의 수명이 길어져 이제 노후 준비는 필수가 되었다

예전과 같이 은퇴 후 몇 년 사이에 생을 마감하는 경우는 많지 않다. 오히려 은퇴 이후가 일하는 기간보다 더 길어지고 있는 것이 현실이다. 이렇게 길어진 노후를 반드시 준비해야 한다는 인식의 전환이 필요하다.

재정 컨설팅의 가장 중요한 목적이 행복한 노후 설계에 맞춰져 있음을 반드시 인지해야 한다. 연금이 당신의 노후에 아들 딸 못지않은 역할을 할 것이니, 연금의 중요성을 인식하여 반드시 가입하고 불입액을 현실적으로 늘려가야 한다는 점을 꼭 기억하기 바란다.

3. 연금 제대로 알고 들자

연금 상품은 모든 조건이 동일한 기준이 아니기 때문에 상품의 특성과 향후 세제 등을 자세히 검토하여 자신에게 최상이라고 생각되는 상품에 가입해야 한다.

앞에서 상품의 종류와 특성을 설명했으니 이번에는 선택의 기준과 연금의 문제점에 대해 알아보자.

연금저축 이렇게 선택하라

향후 필요에 따라 기관을 선택하라

연금저축은 은행·보험사·증권사의 세 금융기관에서 모두 취급하는데, 취급기관별로 상품의 성격이 조금씩 차이가 난다. 수익을 추구하고 위험 대처가 가능한 상품을 원한다면 증권사의 주식형 연금투자신탁을, 연금지급 방식으로 종신형을 원한다면 보험사의 연금보험을, 안정성을 고려하고 향후 대출을 필요로 한다면 은행의 연금신탁을 선택하는 것이 좋다.

수익성을 고려하라

연금저축은 최소 가입기간이 10년이고 연금 수령을 최소화한다고 해도 5년 이상의 기간 동안 수령해야 하므로, 작은 수익률의 차이라 하더라도 연금 지급 재원 총액으로 따지면 많은 차이가 발생할 수도 있는 상품이다. 따라서 수익률이 중요한 선택 요인이 될 수 있다. 미래의 수익률은 누구도 예측할 수 없어 특정 상품이 좋다고 이야기할 수는 없지만, 일정 부분 과거의 수익률을 참조하여 선택할 수 있다. 여기서 과거 수익률이란 증권사에 가입한 상품과 은행에 가입한 상품 그리고 보험사에 가입한 상품의 수익률을 비교할 수 있다는 뜻이다.

10년 전 A라는 회사는 직원 복지 차원에서 직원들에게 세 가지 다른 상품을 각각 증권사·은행·보험사를 선정하여 가입하게 했다. 불과 1년 반 전까지 증권사와 은행에 연금저축을 가입한 직원들은 원금이자나 원금이 손해가 나있는 것을 보고 분통을 터뜨렸다. 그러나 막상 2006년 9월 연금저축의 만기가 되었을 때 제일 좋아한 사람들은 증권사의 연금저축에 가입한 직원들이었다. 이유는 최근 1년간 주식 가격의 상승으로 수익률이 마이너스에서 플러스로 돌아섰을 뿐 아니라, 보험사나 은행의 상품에 비해 수익 금액이 두 배나 차이가 났기 때문이다. 증권사의 연금보험 상품은 다소 차이는 있겠지만 대부분 비슷한 수익률을 낸다. 여기서 수익률의 차이는 각 금융기관 상품의 수익률을 비교해 보라는 뜻이 더 크다.

상품의 안정성을 고려하라

연금저축은 노후를 대비하는 연금 상품이라는 점과 또 장기간 지속적으로 납입해야 한다는 점을 고려한다면, 상품 및 취급기관의 안정성이 무엇보다 중요하다. 연금투자신탁의 경우 예금자 보호를 받지 못한다. 그러나 연금투자신탁은 예금자 보호법상의 법적인 보호를 받지 못하는 대신 취급기관의 고유 재산과 분리하여 별도로 연금투자 신탁자산을 운용토록 하는 자체적 안전장치를 설치하고 있다.

은행의 연금신탁 상품은 예금자 보호법의 보호를 받지만 이는 오직 납입 원금에 대해서만 보전해 주는 것이다. 안정성 면에서 보험사 상품은 원금을 보장해 주고, 이률 면에서는 최저 보증 이율이라는 제도를 채택하여 일반적으로 2% 정도를 보증해 준다. 즉, 원금과 2%의 이자 정도가 보장된다는 것으로 안정성 면에서 가장 우수하다고 할 수 있다.

납입금액은 신중하게 가입하라

연금저축의 납입금액은 소득공제 혜택의 최대 금액인 연간 300만 원, 월간 25만 원을 납입하는 것이 가장 효과적이다. 또 연금저축은 55세 이후 연금 수령 시 소득세가 과세된다는 점을 고려한다면 많은 금액을 불입하기보다는 다른 금융 상품, 즉 보험사의 비과세 연금 상품에 가입하는 것도 생각해 볼 필요가 있다.

소득공제의 허와 실

앞에서도 이야기한 것처럼 소득공제 상품이라는 점을 연금 선택의 최우선 요인으로 생각해서는 안 된다. 연금저축은 설명한 것과 같이 1년에 300만 원까지 소득공제가 되지만 연금 수령 시점에 세금을 내야 한다. 또 연금 수령 이외의 목적, 즉 일시금 수령이나 중도 불입 중지 시에는 원금과 이자에 대해 22%의 높은 세금을 부과한다. 거기에 중도해지 가산세 2.2%가 추가로 과세되기 때문에 연금 이외의 목적으로 사용하면 불이익이 많다.

이러한 이유로 중도 해지하는 고객 중에는 원금보다 훨씬 적은 금액을 수령하는 경우가 있음을 유의하라. 비과세와 소득공제는 개인의 상황에 따라 계산 값이 다르므로 어느 것이 더 유리하다고 말할 수 없다. 그중 가장 중요한 것은 55세 이후 연금 수령 시 발생하는 세금인데, 이때 총 연금소득이 600만 원 이상인 경우에는 과세 비율이 약 8~35% 사이로 변동하여 세금이 부과된다는 것이 가장 큰 변수다. 이때 연금소득이란 국민연금, 앞으로 시행할 퇴직연금, 직역연금 그리고 개인들이 불입하는 개인연금을 모두 합하여 600만 원이라는 금액을 산출한 것으로, 근로자 대부분의 연금 소득은 600만 원을 상회할 것으로 예상하고 있다. 이러한 점 때문에 소득공제가 최선의 선택은 아니라는 것이다. 이에 반해 비과세 연금은 언급한 연금 관련 세금과 무관해질 수 있다는 것이 가장 큰 장점이다.

9장
우리 집의 재정설계,
제대로 꾸리자

1. 재정설계를 습관화하라

　일반적으로 사람들이 생각하는 재정설계의 오해에 관해 알아보고, 잘못 생각하고 있는 것들을 바로 잡아 보자. 더불어 재정설계가 무엇인지 정확히 알아보자.

　많은 사람들이 질문하는 것 중 하나가 '재정설계란 무엇인가?' 하는 것이다. 재정설계란 자신의 재정 상태를 분석하고 분석한 자료를 근간으로 미래의 재정목표를 실현하기 위해 무엇을 어떻게 얼마 동안 실천해야 하는지 파악하는 행위, 그리고 이를 실천 가능하도록 도와주는 행위 전부를 말한다. 따라서 개인의 상황에 따라 설정이 다르고 처방도 다르다.

　그러므로 많이 질문하는 '30대 또는 40대에 일반적으로 저축하는 액수는 얼마인가?' 하는 것은 참으로 의미 없는 질문이다. 위가 좋지 않은 환자와 간이 좋지 않은 환자에게 의사가 다른 약을 처방하듯 개인의 상황에 따라 다른 처방이 필요하다.

건강검진하듯 한 해에 한 번씩 재정설계를 하라

대부분의 사람들이 재정설계는 자금이 충분한 사람들이 재테크를 하기 위해 하는 것으로 생각한다. 그러나 절대 그렇지 않다. 현재 마이너스 재정 상태인 사람도 재정설계가 필요하다. 왜냐하면 재정 상태를 파악하여 적자 상태를 최대한 빠른 시일 내에 극복하고 흑자로 전환함으로써, 일반적인 사람들이 생각하는 목적 자금이나 노후를 준비할 수 있도록 도와주는 것이 재정설계이기 때문이다.

즉, 재정설계는 자신이 처한 상황을 인식하고 그 상황 속에서 최선의 방안을 모색하여 자신이 원하는 재정 상태에 이르도록 도와주는 작업을 의미하는 것이다.

재정설계는 현재의 부족함을 채우는 장치다

흔히 하는 오해 중 하나가 한 번 재정설계를 받아 그대로 실천하면 모든 것이 끝났다고 생각하는 것이다. 매해 건강 검진을 받듯이 재정설계 역시 변하는 재정 환경과 재정 상태에 따라 다른 실천 방안을 수립해야 한다. 급여가 오르거나 소유한 집을 팔고 새로운 집을 구매한 경우, 그리고 아이가 태어나거나 아이가 상급학교로 진학하는 경우에도 새로운 재정설계가 필요하다.

당연히 그럴 것이다. 급여가 오르면 저축 액수가 늘어날 가능성이 있고, 아이가 태어나면 아이를 위한 소비가 발생하므로 현재의 지출에서 어떤 지출을 축소하는 것이 최선의 방안인지를 재검토해야 한다. 또 이사를 하게 될 경우, 마련한 집을 위해 어떻게 자금을 장만하고 모자란 자금은 어떤 방식으로 얼마간 준비해서 대처할 것인지 등 새로 발생한 문제에 대해 새로운 대응책을 마련하고 준비해야 한다. 이렇듯 재정설계는 단 한 번의 처방으로 끝나는 것이 아니라 지속적으로 새로운 방안을 세우고 실천하는 모든 과정을 의미한다.

재정설계에 관한 또 하나의 오해는 재정설계를 실천하면 돈을 많이 벌 수 있으며, 이는 재테크의 일환으로 반드시 거쳐야 하는 과정으로 생각하는 것이다. 재정설계는 수익률을 높이기 위한 과정이 아니다. 노후 자금이 충분한 사람에게 공격적이고 불안정한 상품을 추천하거나 설계해 주는 재정 컨설턴트는 아무도 없다. 재정 상태와 나이를 고려하여 재정설계를 하는 것은 기본이다.

내가 상담한 사람 중에 현금의 유동성은 거의 없으면서 부동산을 많이 보유한 사람이 있었다. 그는 은퇴를 목전에 두고 있는 나이였다. 내가 그에게 지속적으로 설명한 내용은 유동성의 중요성이었다. 부동산 일부를 처분하여 노후를 준비하는 자금을 마련하라는 것이 상담의 요지였다. 은퇴가 목전인 그는 지속적으로 높은 수익률이 도래할 거라는 점 때문에 자신에게 필요한 현금 흐름조차 맞출 수 없는 상황에서도 부동산에 집착했다. 그래서 나는 지속적으로 현금 흐름과 유동성 확보의 필요성을 인지시켰다. 이처럼 재정설계는 돈을 버는 것이 아니라, 현재의 부족한 부분을 해결하는 방법의 제시나 인식의 전환이 가장 큰 목적이라는 점을 잊어서는 안 된다.

재정설계란 현재 자신의 재정 상태를 정확히 파악하고 향후 발생하는 목적 자금을 준비할 수 있도록 방안을 강구하는 것이다. 그리고 이를 위해 현재 재정 상태를 수정 보완하여 실천해 나가는 것이다. 따라서 현재 재정 상태 파악이 무엇보다 중요하다. 재정 상태를 파악하는 자체보다는 파악된 재정 상태 속에서 문제점을 발견하여 그 문제점을 제거하고, 문제가 제거된 상황에서 개인의 목표를 이루기 위한 실천 방안을 수립하는 것이 훨씬 더 중요하다. 이 때문에 재정설계에서는 목표 설정이 중요하다. 목표는 애매모호한 목표보다 분명하고 명확한 목표가 좋다. 이렇게 분명한 목표를 정했으면 문제가 제거된 재정 상태(현금흐름표)를 통해 실행 방안을 수립해 보라. 이러한 총체적인 과정이 재정설계다.

2. 현금흐름표와 재정상태표 만들기

재정설계가 무엇인지 이해했을 거라 생각하고, 이제 재정설계를 어떻게 해야 하는지 알아보겠다. 다음에 설명된 도표와 자료로 하나씩 따라해 보기 바란다.

나만의 현금흐름표 만들기

현금흐름표란 개인이 가지고 있는 현금 흐름의 상황을 보여 주는 표를 말한다. 즉, 아파트나 땅을 보유하고 있는 재정상태표와는 다른 개념으로 '한 달 동안의 수입과 지출을 일목요연하게 보여주는 표' 라고 생각하면 된다. 가능한 한 정확하게 현금흐름표를 작성하라. 작성된 현금흐름표를 통해 당신의 현금 흐름을 정확히 인식할 수 있어야 한다.

현금흐름표 1은 당신의 수입 상태를 나타낸 것이며, 현금흐름표 2는 지출 상태를 나타낸 것이다. 표는 가정한 것이지만 당신은 실제 상황을 입력해야 한다.

현금흐름표 1(수입)

	종류	금액	비고
근로소득 (세후소득) cf) 상여금 포함 =[액수×(회 년)]/12	월급여(남편)	2,000,000	
	월급여(본인)	1,800,000	
	계	3,800,000	95.00%
월이자소득	종류	금액	비고
	계	0	0.00%
부동산 임대소득	종류	금액	비고
		200,000	
	계	200,000	5.00%
기타소득	종류	금액	비고
	계	0	0.00%
총소득		4,000,000	100.00%

현금흐름표 2(지출)

	종류	금액	비고
월생활비	생활비(조세, 공적연금, 사회보험 제외)	2367000	
	식료품비	500,000	
	주거 및 광열수도비	0	
	가구집기 가사용품비	0	
	피복 및 신발비	300,000	
	보건의료비	0	
	교양오락비	360,000	
	교통통신비	157,000	
	교육비(+사교육비, 교재비 등)		
	기타소비지출(경조사비+종교비 등)	1,050,000	
	변동지출		
	계	2,367,000	59.18%

	종류	월 납입금액	비고
보험	종신 보험(본인)	237,280	
	연금 보험(남편)	250,000	
	연금 보험 (본인)	250,000	
	계	737,280	18.43%

	종류	월 납입금액	비고
저축 투자 매월부채상환	HSBC 적금	300,000	
	정기적금	520,720	
	매월부채상환	75,000	
	계	895,720	22.39%
총지출		4,000,000	100.00%

현금흐름표 2에서 나타나는 지출 상황은 가능한 한 구체적으로 기술하여 명확히 하는 것이 좋다. 자료가 구체적일수록 지출 상태를 명확히 알 수 있기 때문이다. 이 지출 항목과 금액을 통해 소비패턴을 알 수 있고, 이러한 소비패턴을 통해 지출 금액을 수정할 수 있다. 이러한 수정 또는 조정은 파악한 사람이 제시하여 실천하는 것이므로, 당신 자신이 상태를 파악하고 실천 방안을 수립해야 한다. 너무 둥글둥글하게 넘어가면 실제로 효과가 떨어진다는 것을 명심하여 구체적이고 강력한 실천 방안을 마련하는 것이 좋다.

나만의 재정상태표 만들기

재정상태표는 현금흐름표와 달리 현재 자신이나 부부가 보유한 재산 상태를 나타내는 표다. 다시 말해, 현재 부부의 자산과 부채를 나타내는 표를 말한다. 자신이 보유한 예금·적금·투자자산(펀드 등), 그리고 부동산 등의 자산을 표기한 표이며, 가지고 있는 부동산 중 일부를 은행에서 대출받은 상태라면 대출이 얼마이고 어느 기관에서 받은 것인지 부채를 표기하는 것이다. 다음 표를 보고 당신의 재정상태표를 작성해 보라.

재정상태표

		상품명	가입자명	가입기관	만기	금리	납입금액	만기예상액	비고
현금 자산		주택청약예금	홍길동	국민			10,000,000		
						계		10,000,000	3.88%

		상품명	가입자명	가입기관	만기	금리	평가금액		비고
투자 자산		차이나펀드	홍길동	hsbc			2,000,000		월 30 만원
						계		2,000,000	0.78%

		상품명	주계약자	피보험자	가입기관	월납입금액	총납입금액	총납입기간	보장기간	비고
보험 자산		무)파워변액유니버셜	홍길동	홍길동	ING	150,000	12,600,000	99.01-		
		연금프리 스타일단기납	홍길동	홍길동	ING	150,000	12,600,000	99.01-		
		기자언론단체보장	홍길동	홍길동	교보	18,180	1,527,120	98.12-		
		무비단여설건강	홍길동	홍길동		27,500	2,310,000	98.08-		
		무비단슈퍼홈닥터	홍길동	홍길동		885,290	885,290	98.08-		일시납
		무비단생설여설건강	홍길동	홍길동	교보	38,200	3,208,800	98.08-		
		무)파워변액유니버셜	홍길동	홍길동	ING	200,000	1,200,000	05.06-		
		무)프리스타일	홍길동	홍길동	ING	250,000	8,500,000	03.02-		
		종신	홍길동	홍길동	ING	80,900	2,750,600	03.02-		
						계		45,581,810	17.70%	

		종류	소유자명	소재지역	평수	소유형태	현재시세		비고
실물 자산	거주주택	단독	홍길도	옥수동			200,000,000	140,000,000	재개발지분
	그외 부동산	오피스텔	홍길도	한남동				분양 2억 5천	타워 20 형
						계		200,000,000	77.65%

자산총합	257,581,810	100.00%

부채현황표

	상품명	기관	금리	월상환액	상환방법	잔여대출금액	비고
단기 부채 (1년 이내)				75,000	이자	15,000,000	동생한테빌림
계						15,000,000	11.36%

	상품명	기관	금리	월상환액	상환방법	잔여대출금액	비고
중장기 부채							
계						0	0.00%

	상품명	기관	금리	월상환액	상환방법	잔여대출금액	비고
주택 관련 부채		외환				100,000,000	5.5%
		ING	6.50%		이자	17,000,000	보험약관대출
계						117,000,000	88.64%

부채 총합			132,000,000	100.00%
순자산 총계			125,581,810	

분석하기

현금흐름표 분석하기

표에서 알 수 있는 것은 아직 아이가 없는 신혼부부라는 점과 월 생활비가 가계 소득의 50%가 넘는다는 점으로, 일정 부분 소비 축소가 필요해 보인다. 보험을 보면 본인의 종신보험은 있으나 남편의 종신보험이 없고, 연금을 가계 소득의 12.5%를 불입하고 있다. 또 적금을 불입하고 있으나 은행권 이외의 투자성 자금이 전혀 없다는 점도 알 수 있다.

이렇게 현금흐름표를 분석하면 대처 방안이 조금씩 가시화 된다. 아직 젊은 나이이므로 투자성 자산의 비중을 늘리는 것이 좋다. 투자 자산은 개인의 성향에 따라 좀더 공격적이거나 안정적으로 진행해야 한다. 물론 이러한 모든 조언은 본인과의 합의를 도출한 후에 조정해야 한다. 실제로 실천 방안을 지속적으로 수행하고 있는지 확인한다.

재정상태표 분석하기

- 자산 현황

현금 자산, 투자 자산, 보험 자산 그리고 실물 자산으로 나누어 볼 수 있다. 예시된 표를 보면 부동산 자산 비율이 높은데, 대부분의 한국 사람들이 부동산에 편중하여 자산을 보유하고 있으므로 보편적인 현상이다. 다만 유동성 자산이 너무 적은 것이 흠이다. 보험 자산은 보험을 일찍부터 가입했고 현재 불입하고 있는 상품은 많지 않은 것으로 보여 현금흐름표 상에는 무리가 없어 보인다.

• 부채 현황

　자산과 부채를 비교해 보면 부채가 51% 이상으로, 보유한 자산의 반 이상이 부채라는 것을 알 수 있다. 부채는 현 자산의 30% 이내로 구성하는 것이 바람직하다. 자금이 모이는 대로 부채를 정리해야 현금 흐름이 좋아질 것이다. 그중 동생에게 빌린 돈과 생명보험사에서 대출받은 것은 최단 기간 동안 처리하는 것이 바람직하다. 동생에게 빌린 돈과 보험사의 대출은 이자율이 높으므로 먼저 처리해야 한다.

　이와 같이 현금흐름표와 재정상태표를 통해 본인의 지출 구조 및 자산 현황을 파악하고, 앞으로 현금흐름표와 재정상태표를 어떻게 변화시켜야 하는지를 논의해야 한다. 직접 분석하다 보면 개인의 목표에 따라 목표와 실천 방안이 생길 것이다.

　그러나 더욱 객관적이고 정확한 분석은 전문가에게 맡기는 것이 좋다. 이러한 절차는 현재 자신의 재정 상태를 좀더 정확히 인지하라는 의미에서 나열한 것이지 자신이 진단과 처방을 직접 내리라는 것은 아니다. 당신이 직접 진단하고 처방하기에는 어려움이 따를 것이다. 할머니들이 손자의 이를 뽑을 수 있다고 치과의사는 아닌 것과 같다.

재정 목표를 설정하라

　재정 목표는 이야기한 것 같이 노후에 필요한 자금을 산출하는 방식이다. 이밖에 아이의 교육 자금과 주택 마련 자금 등으로 개인의 목표에 따라 다른 재정 목표를 설정하고 계획을 수립할 수 있다.

재무목표	현재연령	은퇴연령	은퇴연도	은퇴후 기간	은퇴까지 남은 기간	은퇴시 필요생활자금(월단위)
노후자금(현재)	37	45	2013	35	8	125,000,000
노후자금(필요)	0	0	2013	35	8	700,000,000
노후자금(기준계산용)	37	45	2013	35	8	2,000,000

재무목표	대상 가족원	필요연도	남은 기간	예상 필요자금	비고
개업자금	본인	2013	8	200,000,000	차액
총계				200,000,000	575,000,000

도표에서 보면 은퇴까지 8년 남았고 노후에 필요한 자금은 7억 원이지만 현재 준비된 자금은 1억2천5백만 원으로 많이 부족한 상태다. 또 은퇴 이후 개업을 위해 2억 원이 필요한 것을 알 수 있다. 이렇게 재정 목표가 설정되면 필요 자금이 계산되고, 계산된 필요 자금을 마련하기 위해 세부적인 방안을 수립할 수 있다. 이것이 재정설계의 기본이다. 세부 방안은 개인의 투자 성향에 따라 달리 구성할 수 있으며, 투자 성향은 알아보는 방법이 따로 있다. 다음 장에서 소개하겠다.

3. 자신의 투자 성향을 체크하라

대부분의 전문가들은 질문지를 이용하여 의뢰인의 투자 성향을 파악한다. 이렇게 파악한 투자 성향을 통해 상담 후 포트폴리오 구성이나 금융 상품 선정에 도움을 받는다. 질문의 요지는 다음과 같다.

- 원금을 꼭 지켜야 하는가?
- 다소 간의 위험을 감수하고 어느 정도의 수익률을 추구하는가?
- 고수익을 위해서라면 고위험도 감수할 수 있는가?
- 얼마간의 손해까지 본인이 감수할 수 있는가?

이러한 질문을 통해 개인의 위험 감수성을 파악하고 이를 근간으로 투자의 방향을 결정하는 것이다. 이와 같은 질문 속에서 당신의 개인적인 투자 성향을 파악할 필요가 있다. 투자 성향은 원금을 중시하는 원금 보전형, 배당 수익을 중시하는 이자와 배당 수익 중심형, 배당과 시세차익 모두를 추구하는 이자 배당 시세차익 복합형, 시세차익만을 중시하는 시세차익 중심형이 있는데 각 성향에 따른 포트폴리오는 중시하는 투자 상품을 중심으로 분배해야 한다.

다음의 경우는 각 성향에 따른 포트폴리오 구성 방법의 제시안이다. 원금 보전형은 안전성을 추구하는 형으로 가장 보수적인 투자 스타일이고, 공격적 시세차익 중심형은 주식투자 편입 비율을 높인 것으로 가장 공격적인 투자 스타일이다. 자신은 어떤 스타일에 해당하는지 스스로 점검해 보라.

원금 보전형

- 예금 또는 MMF 50%, 채권형 40%, 주식형 10%를 투자하는 방법이다.
- 원금의 유지를 최우선 과제로 삼는 방법이다.
- 이러한 방법은 현금 유동성이 높은 반면 다소 낮은 수익률을 감수하는 투자자에 적합하다.

이자 · 배당 중심형

- 원금 보전 및 이자나 배당주의 배당 금액을 중심으로 투자하는 방법이다.
- 예금 또는 MMF 25%, 채권형 50%, 주식형 25%(배당을 위해 주식 편입 비율이 다소 높아져 원금 손실의 가능성 커진다)

- 주식의 비중을 다소 늘렸으나 주식은 배당주를 중심으로 편성한다.

이자 · 배당 및 시세차익 복합형

- 예금 · MMF 10%, 채권형 50%, 주식형 40%(수익률 추구와 원금 손실 위험을 동시에 해결하거나 균형을 고려하는 방법)
- 좀더 높은 주식 비율로 좀더 높은 수익률 추구

적극적 시세차익 중심형

- 예금 · MMF 5%, 채권형 30%, 주식형 65%(주식 편입 비율 상향 조정으로 수익률 변화를 적극적으로 수용하는 대신 위험도 더 많이 감수하는 방법)
- 주식 가격의 변화, 즉 주가 변화로 인한 시세차익을 주 수입으로 고려한다.

공격적 시세차익 중심형

- 예금 · MMF 5%, 채권형 20%, 주식형 75%(원금 손실의 위험에 노출되는 것보다 수익률 확보가 최우선인 경우)
- 투자 상품의 종류를 엄격히 선택하여 높은 수익률을 확보하겠다는 투자자
- 가장 공격적인 투자 스타일이다. 적극적인 투자를 원하는 사람에게 적합하다.

위의 경우가 일반적인 투자 성향별 또는 위험 감수 능력별로 투자 상품을 선정하여 포트폴리오를 구성하는 경우다. 자신이 어느 것에 더 중요도를 두고 있는지 체크하여 성향을 파악하는 것이 중요하다.

4. 자신에게 맞는 포트폴리오를 구성하라

우리는 현재 막대한 금융 환경의 변화를 경험하며 살고 있다. 일례로 이자율의 변화를 들 수 있다. 다음 그래프는 한국은행의 3년 만기 국공채 이자율 동향이다(1980년 1월~2003년 1월까지).

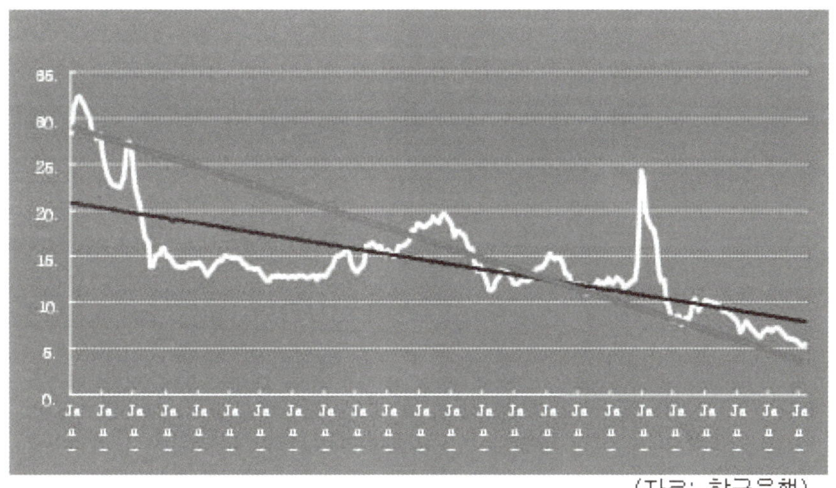

(자료: 한국은행)

이 도표를 참조하면 다음과 같은 사실을 알 수 있다. 1980년 1월의 국공채 이자율 동향은 28.8%를 가리키고 있다. 그 당시 우리 어머니 세대는 은행을 재테크의 주요 수단으로 삼았는데, 어머니들이 사용한 수단은 매우 효과적이었다. 즉, 당시에 어머니가 은행에 1억 원을 맡겼다면 1억 원에서 2억 원이 되는 데는 3년 정도가 소요됐을 것이다.

반면에 우리가 생활하고 있는 2000년 이후의 이자율은 5% 이하를 나타내고 있다. 현재 시중 은행의 적금 금리는 약 4~4.1%를 나타내고 있는데, 이는 1억 원을 은행에 맡기면 2억 원이 되기까지 약 25년이 소요된다고 보면 된다. 다시 말해, 예전에 어머니들이 사용한 재테크 방법은 더 이상 우리 세대에는 적용이 안 된다는 것이다.

주식과 펀드가 대세다

현재 우리는 은행의 저축 상품만으로는 재테크할 수 없는 세상에 살고 있다. 자산의 일정 부분을 은행에 예금하는 대신 투자를 해야만 하는 세상에 살고 있다는 점을 인식해야 한다. 예금 대신에 일정 부분을 투자해야만 한다는 것은 비단 우리나라의 현상만은 아니다. 다음 도표는 미국과 한국의 유동성 자산 보유 비율을 나타낸 것이다.

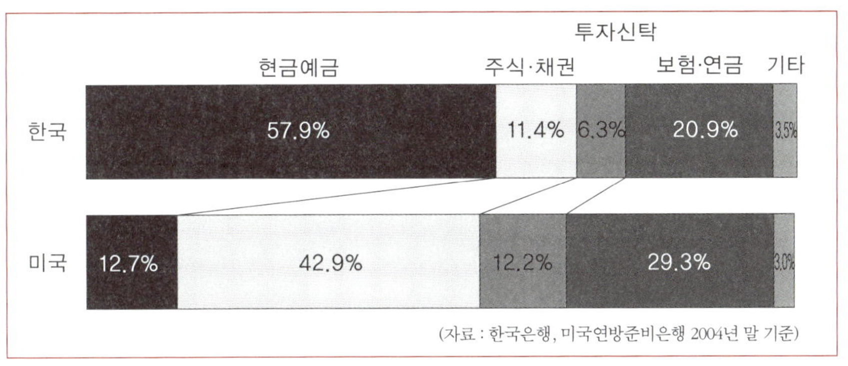

미국: 주식 및 펀드 55%, 현금 예금 13%(긴급 자금 외 투자 상품에 투자)

한국: 은행 58%(실질 금리 마이너스 상황), 주식 및 펀드 18%

한국은 가계 금융 자산 중에 예금 자산을 약 60% 보유하고 있는 반면, 미국은 주식 및 펀드에 약 55%의 가계 자금을 보유하고 있음을 알 수 있다. 이러한 현상은 미국뿐 아니라 저금리 현상을 경험한 거의 모든 선진국에서 나타나고 있다.

왜 이런 현상이 발생하는 것일까? 답은 의외로 간단하다. 은행의 금리가 낮아지므로 예전과 같은 은행 이자 수익을 볼 수 없는 일반인들이 이자율보다 높은 투자 수익을 선호하는 현상이 발생했기 때문이다. 모든 선진국 국민들이 처음부터 투자를 선호하지는 않았을 것이다. 그러나 금리가 낮아져 더 이상 원하는 목적 자금과 노후 자금이 은행의 이자를 통해 만들어지기 어려워지자 은행 금리보다 높은 다른 금융 상품을 선택하여 투자 목적으로 이용하게 된 것이다.

이와 비슷한 저금리 환경을 경험하고 있는 우리나라 역시 개인이 보유한 가계 금융 자산이 점차 은행에서 펀드시장으로 흘러 들어가고 있다. 현재 개인 예금 자산은 652조 원 규모인데, 앞으로 5년 이내에 200조 가량의 예금 자산이 주식형 펀드 등의 형태로 주식시장으로 이동할 것이라고 예상하고 있다. 약 30%의 예금이 주식시장으로 이동한다는 것이다.

이것이 우리나라 금융시장의 변화이며, 이런 급격한 변화 속에서 당신이 인지하지 못하는 사이에 금융 활동을 전개하고 있는 것이다. 이같은 변화 속에서 어떻게 개인의 포트폴리오를 구성하는 것이 바람직한지 살펴보자.

자신의 포트폴리오를 구성하라

자신에게 맞는 포트폴리오 구성 방법이 하나밖에 없는 것은 아니다. 그러나 어떻게 구성하고 어떻게 실행해야 하는지는 매우 비슷할 수 있다. 기본적으로 포트폴리오를 구성하는 방법에는 상품을 포트폴리오하는 방법과 기간을 포트폴리오하는 방법이 있다. 즉, 단기·중기·장기로 나누어 각 기간 안에 개인별 성향에 맞는 상품을 나누어 배치하는 것이다. 같은 원리로 각 기간별 개인의 목적 자금에 따라 금융 상품을 구성하는 것 역시 효과적이다. 최상의 포트폴리오를 구성하려면 기간 포트폴리오와 상품 포트폴리오 두 가지 방법을 동시에 실행해야 한다. 다음은 일반적으로 내가 의뢰인들에게 제시하는 포트폴리오 방법이다.

기간	상품	비고
단기	상호저축은행 적금 및 예금	1~2년
중기	성향별 펀드	3~5년
장기	변액연금 및 유니버설보험	7~10년

단기 상품

단기 상품은 유동성이 확보됨과 동시에 손실 가능성이 가장 적으며, 이자율이 높은 상품을 선택하는 것이 바람직하다. 그래서 상호저축은행의 상품을 추천한다. 상호저축은행은 일반 시중 은행보다 규모는 작지만 예금자 보호가 되는 금융기관으로, 시중 은행과 같이 5천만 원까지는 예금자 보호를 받을 수 있다. 또 상호저축은행은 금리가 시중 은행에 비해 1~1.5% 정도 높기 때문에 이러한 금융기관을 이용하는 것이 조금이나마 이익이 된다.

중기 상품

중기 상품은 펀드에 가입할 것을 권한다. 투자기간이 3~5년이면 펀드의 수익률이 상향 조정될 수 있는 충분한 기간이다. 우리나라의 주식시장이 아무리 침체된다고 해도 대부분 3~5년 동안 한 번 정도는 상승장을 맞이하기 때문에, 이 기간 동안 펀드에 투자하면 투자 수익률을 올릴 가능성이 높다. 또 적립식으로 투자하는 경우에는 시장이 하락하고 다시 상승한다면 훨씬 효과가 좋을 것이다.

펀드를 선택할 때는 자신의 성향을 알아보고 투자하는 것이 바람직하며, 투자 당시와 향후 시장 변화에 대처하기 위해 다양한 펀드의 특성을 파악하고 투자에 임해야 한다. 또 이러한 결정은 전문가와 상담을 거쳐 실행해야 한다.

장기 상품

장기 상품으로 변액연금과 변액유니버설 상품을 권한다. 일단 장기 상품은 10년이라는 시간이 흐른 뒤에 필요한 것이다. 수익도 중요하지만 장기간 불입하는 상품이므로 다른 금융 상품에 비해 원금의 규모가 다소 커지는 것이 일반적이다. 이렇게 커진 원금의 규모는 가계의 중요한 목적 자금이나 이벤트에 사용될 것으로, 원금의 보전이라는 문제에 비중을 많이 두고 투자를 진행하거나 포트폴리오를 구성하는 것이 바람직하다. 이러한 이유로 변액연금을 추천한다. 즉, 주식에 투자하면서도 연금으로 수령하는 경우에는 원금을 보전하는 변액연금 상품이 많이 있으므로 잘 선택해서 가입한다면 노후를 책임지는 금융 상품으로 손색이 없다.

또 변액유니버설보험은 일반적으로 엄브렐러(Umbrella)형 펀드를 구성하고 있기 때문에, 주가가 내려가면 주식형에서 채권형으로 적립된 자금을 변경하여 위험을 최소화할 수 있다. 이런 장점이 오랜 기간 펀드를 유지하게 함은 물론 장기간 지속적으로 자금을 축적 가능하게 하여 투자 자금의 규모를 커지게 할 수 있다.

　결국 포트폴리오를 구성함에 있어 규모는 개인에 따라 차이가 있을지 모르지만, 기간을 포트폴리오하고 또 동일 기간 내에 개인에게 적합한 상품을 포트폴리오해야 한다는 것이 일반적이다.

　이제 어떻게 포트폴리오를 구성하여 자산을 운영해야 하는지 알았을 것이다. 단순히 자금이 있는 사람들만의 이야기가 아니라, 모을 수 있는 자금은 점점 늘리고 또 늘어난 자금을 분배하여 투자할 수 있도록 스스로 노력해야 한다는 점을 기억하라. 의사는 진찰하고 약을 처방하지만 환자가 처방된 약을 제시간에 맞추어 먹지 않는다면 치료될 수 없는 것과 같다.

　요즘 '금융문맹'이라는 말을 자주 한다. 금융문맹인 사람들은 자신이 금융 지식을 모르고 있는 것에 별 문제를 느끼지 못한다. 주변 사람들이 자신과 별반 차이가 없다고 믿는 것이다. 그러면서 지금까지 살아온 그대로 변화를 시도하려고 하지 않는다. 당신은 변화를 시도해야 한다. 그 첫걸음이 마음 자세의 변화이고, 당신이 실행에 옮김으로써 그러한 마음 자세를 유지할 수 있다. 이제는 부모님 세대처럼 은행만을 의지해서는 노후를 대비할 수 없다는 것을 인식하여, 금융 관련 지식을 습득하고 그것을 생활 속에서 실천하기 바란다.

　마지막으로 이 책을 통해 재테크 관련 마인드가 변화되었기를 바라며, 당신이 실천하는 재테크가 성공하기를 진심으로 기원한다.

신혼부부 재테크